使能管理

如何成就
高绩效活力组织

叶 小 松 著

人民邮电出版社
北京

图书在版编目（CIP）数据

使能管理：如何成就高绩效活力组织 / 叶小松著.

北京：人民邮电出版社，2025. -- ISBN 978-7-115

-67103-5

Ⅰ. C936

中国国家版本馆 CIP 数据核字第 2025FA5713 号

内 容 提 要

能量是驱动万事万物的源泉，在组织中同样存在。组织能量与绩效表现高度相关，良好的能量状态才能支撑起组织的愿景和战略，激发出团队的创造力和行动力，承载起组织的成长和蜕变，最终实现组织的可持续发展。

本书作者透过绩效、流程、机制和考核等表层因素，以领导者的视角探索如何调整组织能量。书中内容以领导者自身能量管理为起点，逐步延展至领导班子、组织文化、战略目标、行为执行及组织环境等组织系统的方方面面。同时，书中所有模型、工具及方法均已在全国各地不同类型的组织中应用，在业绩增长和团队成长方面都有显著成效。

本书适合大中型企业的中高层管理者、人力资源专业人士及从事组织发展的咨询同行阅读和参考。

◆ 著　　　　叶小松

　　责任编辑　李彩珊

　　责任印制　马振武

◆ 人民邮电出版社出版发行　　北京市丰台区成寿寺路 11 号

　　邮编　100164　　电子邮件　315@ptpress.com.cn

　　网址　https://www.ptpress.com.cn

　　北京建宏印刷有限公司印刷

◆ 开本：700×1000　1/16

　　印张：15.5　　　　　　　　　　　2025 年 5 月第 1 版

　　字数：228 千字　　　　　　　　　2025 年 9 月北京第 2 次印刷

定价：89.80 元

读者服务热线：(010)53913866　印装质量热线：(010)81055316

反盗版热线：(010)81055315

用生命影响生命

要把自己活成一道光，因为你不知道谁会借着你的光走出黑暗。

请保持你心中的善良，因为你不知道谁会借着你的善良走出绝望。

请保持你心中的信仰，因为你不知道谁会借着你的信仰走出迷茫。

请相信自己的力量，因为你不知道谁会因为相信你，而开始相信所有的美好。

与光同行，用微光吸引微光，用微光照亮微光，追随一束光，成为一束光！

——泰戈尔

推荐语

一、中国人民大学教授、华夏基石管理咨询集团 董事长　彭剑锋

　　我高度推荐叶小松的这本书。它不仅是一部关于组织发展的理论著作，更是一部充满智慧和实践价值的指南，对于希望提升组织效能的企业家来说，是一部必读之作。

二、领教工坊学术委员会主席　肖知兴

　　从理论到实践，中间隔着两个"太平洋"，需要跨越一条漫长的道路。这些年来，叶小松以实践为锚点，致力于帮助客户在复杂的商业场景中破局而出、创造业绩，在这条路上砥砺前行，不断迭代，取得了丰硕的成果。

　　在这本书中，叶小松以领导者和领导班子为主要抓手，引导领导者看到组织进化的深层逻辑，紧抓组织能量主线，系统性地提升组织能力，为组织的有机生长提供了一套经过多次实践验证的操作方法。

　　这本书以哲学思辨重构管理认知，用商业逻辑破

解实战难题，我推荐所有关注组织发展的领导者认真阅读这本书。

三、深圳市管理咨询行业协会原执行秘书长、深圳市品牌学会执行会长　李朝曙

叶小松的这本书是企业领导者的有益指南，它深度剖析了组织发展的关键要素，提供了切实可行的策略和工具，助力企业打造高绩效团队，实现持续增长。

作为企业管理者，我深知组织能力建设对于企业长远发展的重要性。这本书以叶小松多年的实践经验，从第三方教练的视角，为我们提供了一套系统的组织发展方法，帮助企业在复杂多变的市场环境中保持竞争力。

这本书不仅关注短期的业绩提升，更注重组织的长期健康发展。叶小松通过大量的案例分析和实践总结，展示了如何通过有效的组织变革和人才培养，从根本上提升组织能力，打造一个充满活力和创新能力的企业。

如果你也想夯实组织发展基础，推动组织健康长期发展，建议认真阅读这本书。

四、GC首席人力资源官、阿里集团前人才开发总监、奇虎360学院及百度大学创始人和组织文化负责人　朱晓楠

叶小松的这本书是一部极具洞察力的作品，它精准地把握了现代组织发展的核心问题，并提供了切实有效的解决方案，是组织发展领域的宝贵财富。

这本书深入探讨了组织发展和人才培养的关键要素，提出了许多具有创新性的方法和工具，叶小松以其丰富的咨询经验和深刻的行业洞察，以其系统性的思考和丰富的案例分析，为我们提供了一套切实可行的组织发展策略，为我们展示了高绩效活力组织的构建路径。这本书不仅适合人力资源专业人士，也适合所有关注组织发展的领导者阅读。

我强烈推荐叶小松的这本书，因为它不仅有理论的深度，更有实践的广度，是人力资源领域不可多得的实践指南。

五、外滩商学院院长，复星集团、渣打银行、阿尔卡特朗讯人力资源高管　叶阿次

在诸多大型企业开始探索转型变革之时，叶小松的这本书让我眼前一亮。

这本书从组织的能量出发，关注组织能量在不同角度的表现形式，以此撬动组织行为的变化，是一种"治本"的良策。这种方式不仅可以帮助组织练好"内功"，从容应对外部挑战，还能帮助诸位企业领导者在浮躁的环境中沉下心来，从组织的底层逻辑着眼，仔细打磨组织能力，推动组织发生积极改变。这本书中运用了大量的经典模型、工具，更有从大型组织的教练经验中提炼的方法、诀窍，可以作为企业领导者推动组织变革的一本案头工具书。

叶小松对自己带领希尔咨询长期有效服务客户的经验做了萃取，并贡献出来赋能业界，这样的精神值得鼓励，我们也需要更多的专家发声来丰富行业的经验，提升行业的水平，最终用中国的方法来解决中国企业的问题。

推荐追求卓越的企业家们一起阅读这本书。

六、华为大学核心筹建人、知名组织发展与企业战略专家、教育部企业教育特聘专家、中国企业大学校长联谊会理事长　祁生胜

在许多咨询方案沦为精美PPT、培训课程而止步于课堂掌声的当下，叶小松用他26年的经验和成功案例告诉我们：真正的智力服务，可以成为助力客户蜕变的"脚手架"。

叶小松通过将培训、咨询和辅导3种方式融合在一起，在组织发展的各个关键环节发挥作用，清晰勾勒出企业组织和第三方机构的协同方式，描绘了咨询行业的未来工作图景。对于咨询行业的从业者而言，这是一个很好的尝试，很有启发。

因此，我认为这本书不仅是组织发展探索的指南，还是培训从业者突破职业天花板，为客户创造更高价值的必读书。推荐阅读。

七、中国人民大学管理学博士、《接班人：领导系统与制度建设》作者、著名人力资源专家　徐升华

　　这本书系统整合了众多经典的组织发展智慧，将马歇尔、沙因、柯维等专家的模型工具融会贯通，并将其恰到好处地运用于中国大型企业的实战中，为我们呈现了丰富精彩的成功案例。

　　叶小松描绘了组织发展的关键路线图，既关注"人"，也关注"事"，从文化到战略、从目标到执行、从团队关系到组织环境，都有其独到的见解，堪称兼具系统性和落地性的解决方案。

自　序

——我该为客户做些什么？

从 1999 年希尔咨询成立至今，已经 26 年。我作为中国较早的管理咨询从业人员，随着中国经济社会的腾飞，在这风起云涌的时代浪潮中感受着变迁，迎接着挑战，收获着成长。这本书对我而言，就是这段历程的阶段总结。我希望能够以文字的方式，把我的思考、我的做法记录下来，与致力于建设高绩效活力组织的同路者隔空交流，若由此能够对您有所启发，能够作为您提升组织能力的实践参考，亦能圆我的一桩心愿。

一、倦怠

曾经的我很享受在讲台上演讲的意气风发，飞遍中国大江南北，每天马不停蹄，穿梭于不同类型的组织中，讲授领导力与管理知识。后来我发现虽有所谓的"光鲜"表面，但内心逐渐陷入了职业倦怠。

"培训的时候很激动，回想起来很感动，开展工作时一动不动。"这虽然是个段子，却是许多商业培训的真实写照。当我看着倾心付出、认真准备的课程，在讲师离开后就被画上了省略号时，我不禁陷入了长时间的自我反思：如何为客户带来更好的改变，又如何为客户创造更大的价值？我所追求的职业使命是什么？客户可以从我的服务中得到些什么？这些深层次的问题，每天都在拷问着我，令我几乎完全丧失了工作的热情。

2014年，《员工主动了，管理就轻松：使能管理让团队生机勃勃》出版之际，我逐渐有了清晰的答案，带领希尔咨询开启二次创业，正式提出了四大转变：与客户在一起、从生意到事业、从一味追求规模领先到作为"小巨人"企业、坚持专业领先。11年过去了，我想当初的选择应该是正确的，我现在更有信心来回答这些问题：作为咨询公司，可以为客户创造怎样的价值？希尔咨询为何能够助力客户改变，成就高绩效活力组织？具体到组织发展和人才培养领域，又是怎样助力的？

二、改变

改变从《甜心先生》这部电影开始。

当时有一位老客户刚被提任为地市公司一把手，特别邀请我去为其核心团队讲管理课程，虽然正值倦怠期，但为了不辜负多年的信任，我还是答应了。或许是冥冥中的天意，在去程的航班上我看到了这部电影。重温电影时，里面的一句话给了我当头一棒："如果这是我的最后一个客户，我要怎么做？"

电影中的杰里是一名体育经纪人，他曾经是金牌经纪人，一心只为推动运动员履行比赛合同，甚至不惜伤害运动员、伤害客户。但他逐渐发现自己不想成为只为名利而活的人，在内心深处希望能够真正为客户考虑，为优质客户提供优质服务，而不只是"做生意"。

虽然他的坚持受到了职场的毒打，但他仍旧能在逆境中摸爬滚打。从客户众多到仅剩唯一的二流橄榄球运动员罗德，杰里将罗德视为最后一个客户，全心、真诚地帮助他，从"交易"到"信任"，助力他在比赛中爆发，成为明星球员。后来，罗德拒绝其他经纪人的高价合同，坚持与杰里续约——"你终于看到我的灵魂，而不仅仅是美元符号"。当客户感受到被"真正看见"，认为我们是他的伙伴时，他会用信任回馈。

是啊！如果这是我的最后一个客户，我该怎么办？走出舱门的时候，我就告诉自己，必须要"全力以赴，不留遗憾"！直到今天，这8个字仍旧时刻警醒着我。当我全力以赴地投入后，课程的反响超出了过往。我也和客户一起摸索出了深度合作的模式，我们一起推动改变，很快带领团队提升业绩，创造了从倒数第一到正数第一的"奇迹"。这也更加坚定了我的信念，虽然我们没有办法单方面掌控业绩变化，但仍然可以发挥自己的专业能力，影响、推动、支持客户发生改变。

我认为，最核心的做法是要进一步关注客户价值。上课传授的知识仅仅是开始，客户不是学生，我们也不是大学老师，咨询公司的价值不应该停留在传播知识的层面。我们不仅应该帮助客户丰富知识、提升认知，更应该帮助客户跨越行为鸿沟，将学到的东西运用于实际工作中，发生行为上的改变。更进一步说，改变也只是手段，真正的客户价值将随着改变而出现，可能是业绩提升、可能是队伍成长、可能是组织能力发展……只有这些，才是希尔咨询想助力客户实现的。

由此，我们弱化了对项目执行数、服务客户数的关注，加强了对成功案例实践的要求。在这本书中也能看到，我们提到的所有做法，不仅有知识上的描述，而且有具体的落地实践方法，以及对应成果的详细说明。

其次是躬身入局。教练和讲师的主要区别之一在于参与程度。教练不仅为客户传递知识，更要亲自参与到客户项目中，教练的成功取决于客户的成功。当我以第三方教练的身份参与进去时，客户的无奈、挑战、喜悦，扑面而来。曾经有一个移动公司的客户告诉我，"你就是我们移动人，是跟我们一条战壕的伙伴。"也只有这样，才能从"指手画脚"到"躬行实践，将心比心"，才能站在客户的立场（而不是专家的立场），帮助客户找到最适合突破的路径。

而后是长期陪伴。我更希望能够通过长期的陪伴来持续地助力客户实现目标、解决问题。不管是在合作期间，还是在合作结束后，我和许多客户都保持着良好的互动关系，我们仍然会探讨如何推动组织发展、如何提升组织战斗力、如何培养干部队伍等话题。

当客户持续攀登一个又一个高峰时，不断累积的成功案例也成为我和希尔咨询职业声誉的来源。这种长期陪伴基于互相成就、共赢的关系基础，也是我这 10 余年"案例人生"的珍贵回忆。

躬身入局，把每一个当下的客户都视为最后一个客户，全力以赴、不留遗憾地陪伴的时候，也是不断激发自身学习、突破之时，我必须走出舒适区，在熟悉的课程以外增加更多的个性化调整，适配更多的客户实践场景，我自己和团队也因此收获良多。对知识的理解运用、对教授辅导方法的升级、对行业生态的理解、对客户生态的链接，都有了质的飞跃。也正是这样的改变，才有这本书的诞生，我希望分享的这些经过多次实践检验的做法，能够对组织发展变革的领导者和实践者有所裨益。

三、行动

作为一名企业高管教练，如何坚持客户价值导向、如何做到躬身入局、如何实现长期陪伴？我们有一些付诸行动的经验与大家交流探讨。

（1）组织发展＆人才培养：以组织能力为杠杆支点。我认为组织能力是治标之本，当组织能力提升后，业绩的提升自然水到渠成。在提升组织能力的各方面因素中，领导干部队伍的培养又是重中之重。因此，我们从领导干部的培养入手，带动组织中的文化、战略、机制、环境等各方面共同提升，系统性地提高组织能力。

（2）万里挑一：最适合的胜过最好的。世界上有那么多模型、工具，尤其是在移动互联网时代、AI 时代，永远不缺新的知识、好的方法建议，新的学习标杆持续出现，学习速度赶不上知识爆炸的速度，往往是学了一个还没懂，又出现了新的概念。怎么办？

不能创造高绩效的工具，不一定不好，但有可能不适合这个组织。每一次的学习都伴随着试错，每次试错都有时间成本和经济成本。作为教练，我们一直在深度参与客户的经营实践，观察、筛选、共创最适合客户所在组织的发展阶段的模型、工具，并不断改进，这也是躬身入局带来的益处。

（3）学以致用：从 know 到 know-how。作为教练，不仅要了解知识，更要掌握应用知识的方法。我们的客户都是大型组织内的领导者，学历、智商、情商都很高，学习能力很强。他们的知识储备不一定少于教练，他们只是没时间去尝试，没时间去了解如何立用，所以经常会出现知道了但不会用，或者用起来"水土不服"的情况，就像刚学骑自行车的新手，看起来都会，蹬起来就倒。

有效地帮客户解决 know-how 的问题，不仅要告诉客户技术要领，还要在背后扶好扶稳他。当他快学会的时候推一把，再悄悄放开。我们的项目中，辅导客户学以致用的时问经常超过讲课的时间，只有将知识学以致用、运用于工作中，才能真正创造出客户想要的价值。

（4）知行合一：做我所学、教我所做。如何知道 know-how 并能讲明白诀窍，自己必须先是专业人。李时珍尝百草而成药圣。要想更好地助力客户，我们所教授给客户的工具，必须自己先行先试。本书中提到的各类模型、工具，都在希尔咨询有落地的经验或者教训。

有了实践的初步经验，再加上对客户实践的亲身理解，就很容易把握到关键点，帮助客户快速突破学以致用中的瓶颈，尽可能地帮助客户缩短试错周期，节约学习成本，快速发挥这些模型、工具的作用。这种经验会随着时间的积累而不断叠加，我们成功助力客户业绩突破的周期已经可以从最初的 18～24 个月，缩短到 8～12 个月。

（5）相信的力量：因为相信，所以看见。作为教练，我从进入角色的一刹那起，就必须全身心地相信客户、相信学员，相信他们愿意做出改变。他们的公司再也不是"问题公司"，而是面向未来发展、正在建设中的组织。当我看到他们的努力时，他们也会不负这份期待。

有个客户问过我，我有什么绝招，能够帮助多年的"坏孩子公司"在半年内发生显著的积极变化？我回答她，技法因对象而异，心法则更为重要。

因为我一直相信这个团队是具有足够潜能、愿意改变、发自内心地希望公司变得更好的一群人。我要做的是激发潜能、传递相信、创造环境，给他们全力施展的舞台。我不是因为这个团队不行而来训导、监督他们，而是因为他们对成功有渴望并愿意为此付出努力，而来助力他们成功的。她告诉我，"叶老师，您和其他老师都不一样。"

（6）"六度"陪伴：全方位的陪伴。这种陪伴模式，或许也是教练和讲师的区别之一。我们的宗旨是助力客户取得成功，为了实现这个大目标，服务陪伴过程并不局限于课堂前后，而是根据对象提供个性化的多样陪伴。通过诸多客户和学员的反馈，我们将其总结为 6 个方面。

① 场景的广度：除了课堂中正式的培训，还有离开教室的、各种场景的非正式辅导。

② 交流的深度：探讨的话题除了业务开展、绩效管理、领导力发展，还会深入内在的成长与突破。

③ 视角的高度：始终站在比辅导对象更高的维度，为他们带来更广阔的视野、更丰富的实践案例。

④ 响应的速度：承诺 24 小时内一定有回应，就算离开教学场景，也会乐于响应并提供支持。

⑤ 时间的长度：周期跨越 1 ～ 2 年，每阶段都有集中培训，过程中也有辅导跟踪。

⑥ 关系的温度：没有高高在上的颐指气使，不会一直盯着短板与不足，相信每个人都能变得更好。

（7）"琴瑟和鸣"：从指导者到助力者。在当教练的过程中，与客户的关系也让我感触颇深。有的客户把咨询公司的教练当作老师，委托老师指导他的团队；有的领导则把咨询公司当成服务外包公司，认为可以请咨询公司帮助他完成业绩。这两种合作关系都不是我们的选择。

领导者更了解市场，认知独特、业务精深，更擅长确定方向、指导方针，但可能并不擅长教下属、不擅长把自己的想法讲明白；下属也很困扰，听不懂领导的想法,更不知从何处着手开始落地。此时,教练就像一座桥梁,一方面帮助领导者解析系统、捕捉关键、制定策略,另一方面帮助下属理解领导意图,承上启下、付诸行动,以此实现上下同欲、上下同行。

在我以往的经验中,领导者和教练是一种互补的关系,彼此都有适合做的工作内容,双方的配合能够产生远超 "1+1" 的附加值。双方越能达到 "琴瑟和鸣" 的状态,组织发生改变的效能就越高。

四、感谢

我是个特别幸运的人,在希尔咨询开启二次创业以来,碰到了许许多多志同道合、理念相通的领导者,在与他们共创的过程中,经常能够碰撞出智慧的火花,常有伯牙子期的知音之感。这些领导者身上有一种使命感,想要带着组织做出骄人的业绩、想打造高绩效活力组织;他们也都有足够的战略定力,坚持长期主义、久久为功;他们还都不遗余力地培养干部队伍、提升组织战斗力;他们对事业充满热情,为了组织长期健康发展而系统思考,努力为后来者留下企业可持续发展的基础。

从个人来看,他们也堪称典范。他们三观正,敢于坚持正确的事;他们学习能力强,热爱阅读并能学以致用;他们从不简单地假手于第三方,而是亲身参与、与教练共同推进。

不管是在省级公司、市级公司还是在县级公司中,都不缺乏这样优秀的领导者,公司在他们的带领下,创造了非凡的业绩,为社会、为员工创造了巨大的价值,他们每个人都是时代的英雄。我和希尔咨询也有幸参与其中,为其提供一些绵薄的助力。

感谢这么多优秀领导者的信任,给我们提供了如此多样、丰沛的土壤,让我和我的团队有机会不断实践、总结、淘汰、升级、固化,最终形成一套适用于中国大型企业的组织发展体系,以各种产品、模型、工具的组合,定制化匹配不同的生态环境和业务需求。在此,我想借出版这本书的机会,向他们表达诚挚的谢意。感谢中国移动、光大银行、普普文化、厦门国贸、合诚集团、积硕科技、易联众、恒耀金属、睿科集团等组织的客户们，感谢他们给予希尔咨询充分信任的舞台，让我们有施展的空间，有不断成长的沃土。

　　本书中提到了许多人和组织的案例，出于各种考虑隐去了名称，还有更多优秀的案例由于篇幅所限未能提及，颇感遗憾。希望这些案例可以作为您的参考，帮助您更好地提升组织能力，如果在应用时碰到任何问题，我们也有专业团队为您提供免费的远程支持，很期待能与大家深度交流探讨，共同成长！

　　承蒙信赖、不敢懈怠！

叶小松

2025 年 1 月

前　言

这是一本什么书

这是一本秉持长期主义、重视内功修炼的书，旨在助力具有成长型思维的领导者——尤其是国内大型企业的领导群体，持续提升组织内在能力，以应对日益复杂的环境。

在过去的经济发展狂潮中，高速发展掩盖了许多内在的问题。当海水褪去，开始考验组织的基本功时，各种麻烦事更纷纷暴露出来。一位有着多年担任海内外500强企业一把手经验的客户告诉我，现在并不是继续冲刺、维持表面繁荣的时候，而是沉下心来夯实基础、重整再出发的好时机。

基本功的锤炼是乏味、枯燥、长期的，无法帮助组织在一夜之间脱胎换骨。而当前的环境存在着不安、浮躁、焦虑现象，也充满着社会经济结构转型期的新红利，如何寻找到最合适的方法，平衡好短期和长期目标、业务发展和组织建设等课题，在变革中积小胜为大胜，推动组织持续通过创新成长来应对未来的挑战，就成为一个重要的话题。

　　市面上描述优秀管理理念的商业书汗牛充栋，我们作为知识工作者也受益匪浅。但在我 20 余年的培训辅导经验中，很多学员向我反馈，从认知到行动，再到取得成效，有着巨大的鸿沟。根据布鲁姆六大认知层级（如图 1 所示）的定义，阅读和培训更多地侧重于浅层学习，解决的是认知障碍，而如何选择适合自己的理念，如何使这些思路在本组织内有效落地并做好分析评价等，则需要进一步深层学习。

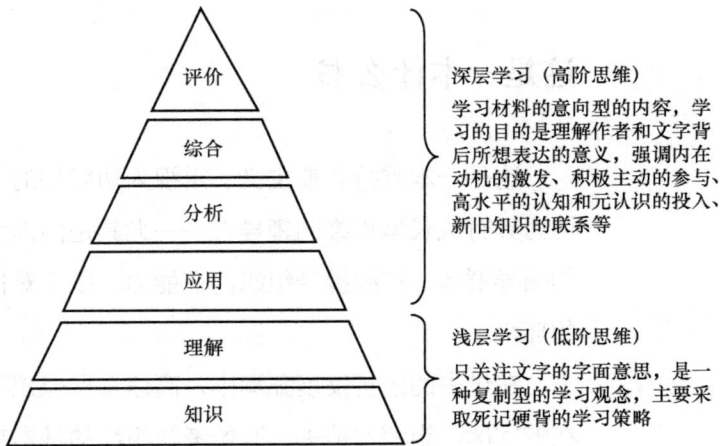

图1　布鲁姆六大认知层级

　　在岸上学游泳是学不会的，只有真正进入水里，感受着自身与环境的互动，才能真正体会到游泳的窍门和难点。因此，我认为作为管理教练，不仅需要帮助学员拓宽视野、提高认知，还需要以学员的真实经营场景为背景，帮助学员解决一个个真实的管理问题，实现真正的绩效提升。

　　我很庆幸自己的教练角色，可以一只脚在局内，一只脚在局外。教练既是学员的镜子，反射出学员的状态和行为；又是一位马车夫，指导学员以更高效的方式理解、尝试、应用各种先进的理念。在辅导过程中，我和学员一起分析实际情况，选择最合适的方法，并在加以改造后运用到实践中，从而收获了许多因地制宜的宝贵经验。

这本书就是由这些经验提炼而来的，是一本具有实用性的手册。我希望这本书能让读者知其然、知其所以然，更知其何以行，也能帮助读者通过实践理解理论模型，并付诸实践实现改变，最终实现自己的目标。

一些困扰企业的状况：活力不足，绩效走低

谁不希望自己的组织齐心协力、充满干劲、人才辈出、积极高效且业绩亮眼呢？理想很丰满，现实却并不尽如人意。我在全国各地开展辅导工作时，听到不少领导者们对现状的无奈，许多领导者很困惑，不知道从何时起，曾经让他们引以为傲的组织，变得令人束手束脚、发展举步维艰。

比如KPI（关键绩效指标），本来是个聚焦重点、提高效率的工具，现在却变成头上的紧箍咒，不管是领导还是员工，不外如是。组织内出现了唯KPI论，所有人都围绕着完成KPI转，想尽办法来完成KPI，不思考这个指标背后的目标。例如"降低投诉率"的KPI，设立初衷是提升客户满意度、改善内部管理效能，结果在实际中变成了想办法"掩盖"投诉，却少有人关注如何改进产品和服务，不让投诉产生。KPI在某种程度上已经替代了"目标"，人们不再需要考虑目标，人们的创造性被错误引导了。

重考核、轻支持也是常见的痛点。下了KPI就要考核，听起来是个再正常不过的行动。但实际中，考核有时却是一种"大棒"，是责任转移的隐形方式。个别具有领导职能的干部很少提赋能、支持，而把自己所负责的任务转化为KPI下发后直接上考核手段，突然间责任就转移到了下属身上。

这种方式引发了一种连锁反应，形成了不管"收获"、无论"对错"、只管"结果"的畸形方式。更多人开始关注短期收益，回避需要长期投资的行为，因为长期投资的收益难以体现在当期收益中。面对未知时不会采取行动，甚至如果判断某件事可能难以成功，那就干脆"摆烂"。表面上看起来，组织逐步陷入僵化、员工丧失活力，但其根源有时在于错误的指挥棒信号。

面对这种僵化，个别组织不从系统内在出发，思考问题，而选择采取一种很可笑的方式——"自己生病，他人吃药"。领导们认为员工怠惰，于是不断加强监察、考核，做一些思想教育，希望通过转变员工的想法，扭转他们的行为模式，以达到彻底的变化；员工们则认为领导层耍官僚，于是开始敷衍、控单、造假、讲故事，只给领导看他们想看的、说他们想听的。这些人没想过除了抱怨和推责，自己还可以做出什么改变。

这种僵化的首要原因是组织中领导和员工对工作价值/意义认知的缺失。这种从上到下的价值/意义认知缺失，让他们容易变得浑浑噩噩，只能够机械地对外界的刺激做出趋利避害的本能反应，没有办法发挥出人的主观能动性，创新创造更是空中楼阁。自己不知道为了什么而工作，就只能听别人的安排——为了完成KPI而工作，而不是在获取工作价值时，水到渠成地完成KPI。所以才有越来越多的大型企业的员工告诉我，他们每天都在疲于奔命，被KPI赶得到处乱窜，生活过得毫无意义，十分倦怠。

完全不必这样

不可控的外在条件只是一方面，我们仍旧可以通过影响、改变自己可控的内部组织能力，调整好组织的能量，甚至推动组织能量的变革，从而取得理想的成果。在我的亲身经历中，不管是整个组织、整条产品线，还是部分业务单元，都有这样出众的案例。

某个腹地大省的央企公司，曾经处于全国兄弟公司的中游水平，公司里的干部群体偏安一隅、小富即安，同时对于自己的能力有种莫名的自信，却不知公司已经逐步落后于市场，业绩也在缓慢下滑中。该公司领导果断启动了组织能力提升的专项工作，以干部培养为核心抓手，兼顾文化、组织、机制、支撑、赋能等工作模块，系统性地推动公司变革。在两年后，该公司已经位于全国兄弟公司的第一梯队。

西南某地的一个央企分公司，曾经在本省兄弟公司内排名倒数第二，上下员工都处于"躺平"的状态，恐后不争先——认为只要没有垫底就是胜利。新到任的领导开启了组织变革工作，从文化、战略入手，逐步调整领导班子、核心骨干、一线员工、外包团队的能量状态，短短一年半后，业绩猛蹿到全省第一，当年人均收入较前年增长了近100%，团队喜笑颜开，终于知道了什么叫成功。

不一定非要全组织都做出大的改变，特定业务线，或者区县业务单元，同样可以通过组织能力调整而实现成功。有个少数民族地区的央企公司，其G端业务历年是老大难问题，在改革前只有8%的市场份额，基本已经被排除在当地市场竞争之外，只能捡一些利润低、难度大的项目聊表安慰。而新领导上任后，以公司文化为关键抓手，打通文化在公司内外部的关联，成功实现了文化赋能、文化输出，在文化变革20个月后，G端市场占有率达到惊人的99%，在全国兄弟公司中排名第一，一骑绝尘。

在另一个区县业务单元，有个即将退居二线的经理，多年来一直努力申请调离该区县，希望回到市公司的职能部门清闲两年。因为他内心深处充满了对该区县的失望，他在这个区县公司工作超过10年，没想到现在的团队风气如此糟糕，虽然只有20多人，但人人彷徨、相互推脱，每年的绩效都是C，他实在看不过去。经过新任一把手的调整，该公司风气为之一新，每个人都很清楚自己的职责，也了解背后的意义，团队开始为价值而奋斗，而不仅仅是为了当前的指标。后来，他主动撤回了调动申请，跟我说他准备在此地退休，为此地多培养几位人才出来。船小好调头，该公司在发起变革的10个月后，就上升到了全省区县公司排名前10，进入了第一梯队，获得全省表彰。

以上案例都是近年来发生的，往事仍历历在目。在这些案例中，外界环境并没有太大变化，客户仍旧是那些客户、上级公司仍旧是那个上级公司、整体组织运转模式仍旧没变、员工仍旧是那些员工，唯一改变的，可能就是一把手发生的变化（或者一把手的举措做出了实质上的改变），改变了组织内的能量场。这些成果令我更加笃定，只要真抓实干提升组织能力，不管是省级大型公司（5000 人以上），还是区县级小型团队（30 人左右），都能够从中明显受益。

通过这本书，我把组织变革过程中的做法、诀窍、故事做了些粗浅的整理，与各位读者开展"空中对话"，希望对各位有志于带领团队开疆拓土的领导们有所助益。

使能——成功实践的组织变革法

组织能力发展有多种办法，希尔咨询所选择的是"使能"型的技术路线。使能是 10 多年前我所提出的理念，我认为：

"每个人都是充满智慧的独一无二的个体，每个人的内在都拥有实现完满人生的全部能量，每个人实现完满的核心在于其内在潜能的开发和运用，组织健康强大的关键核心在于实现个体心理能量的充分释放和协同。"

2014 年我出版了第一本关于使能的专著《员工主动了，管理就轻松：使能管理让团队生机勃勃》，以激发个体的潜能为主要方向，通过提高领导力，改变个人的状态和强化责任，实现绩效提升。

2014—2024 年的 10 年间，使能管理从个体升维到组织，我们逐步将使能管理精华融入组织发展的过程中，探讨如何建设组织能力，如何推动组织发生改变，如何营造正向的组织氛围、打造学习型组织，最终的目的仍旧是提高组织员工的责任感，释放组织潜能，调动组织的积极主动性，以更快、更好的方式响应市场、服务客户，最终与客户共同成长，持续变革。

幸运的是，我们找到了这么一条路。使能组织发展由一把手和领导班子建设、文化建设、战略解码、行动落地、氛围构建 5 个模块构成，如图 2 所示，以领导者的改变为起点，逐步形成文化共识，引领制定或解码战略目标路径，再通过特定的方式，将这些成果贯穿到行动中，以恰当的干预和指导方式，切实提高执行效能。同时，从一开始就需要构建出组织文化氛围，人们在特定的氛围下，能够获得来自组织的背景能量和来自团队的关系能量，这些能量会直接作用于行动过程，润滑推动行动开展。

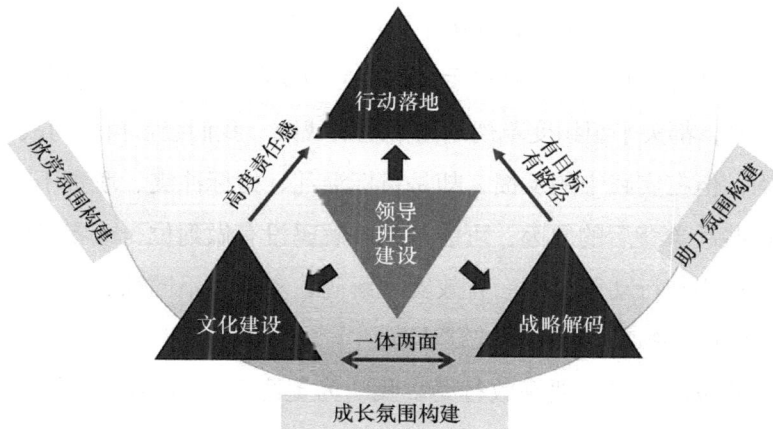

图2　使能组织发展模型

　　公司里领导班子起着决定性的作用，前面提到的几个案例，无一不是在调整一把手后才开启变革。而整个领导班子是否有共识、是否有较高的能量层级、是否能够协调一致，都是非常重要的基础课题。对于整个领导班子而言，作为组织的领导者，如何凝聚团队，如何建立信任，推动团队拥抱挑战、追求成长，也是组织变革所需要的思想基础。可以说，在没有做好这些准备，思想不统一、人心不齐的情况下，变革的任何行为都是难以奏效的。

　　文化作为公司统一的灵魂，为全公司提供了思想上、方向上的指引。很多时候，文化与业务没有直接关联，领导者就容易忽视，认为文化无非就是锦上添花的包装性的内容。这种想法是传统的文化工作，对于文化工作仍停留在表面。我认为，文化引领着组织的发展，规范了组织的行为边界，也是组织能量的来源。要释放组织的潜能，首先必须撬动能量的源头。而实践中，文化不仅能够对组织的内部效能起到作用，而且能够对业务拓展直接产生价值，进入"卖文化、卖影响"的销售最高层次。因此，如何通过文化来凝聚组织的思想共识，并将其转化为组织的能量，直接作用于日常工作中，是启动组织变革的重要课题。

战略则与文化是一体两面的。战略依据组织的使命、愿景、价值观而来，具象化为明确的路径和策略，提出了阶段性的目标。这些目标是否上接文化、下接职责，是否有明确的关键抓手，是否为组织所有人知晓，是否目标一致、力出一孔等，都关乎组织变革规划与落地的成败。我们经常自以为战略清晰、职责明确，但在实践中的反馈，却是目标混乱、指标冲突、职责不清、推诿扯皮，这些乱象背后的原因，可能是战略解码没有做到位，或者只做战略不做解码、战略与行动脱节等。有效实现解码，实现上下同欲、上下同声、上下同行，也是组织变革策略的关键环节。

再好的策略，也需要高效行动。我认为提高行动落地的方法虽然很多，但关键点在于"责任"二字。责任本身是具有激励性的，多数人希望自己能够尽责，把自己的工作做好，少有人天生就是来"躺平"的。如果能够在组织内清晰地界定职责，在行动过程中很好地落实这些责任，并给予对应的支持，执行力自然就会显著提升。有些时候，上下级之间职责错位、同事之间职责混乱，而领导者不恰当的指导更加剧了这种情况，令人摸不着头脑、使不上劲，一旦最终行动效果不如预期，自然就产生了各种找借口、推责甩锅、拖延塞责等执行力的表象问题，其实根源之一就是责任混乱。

当然也别忘了氛围，环境氛围是组织能量的重要背景板，影响着组织内的每一个人。变革路上一定是挑战多于机会，挫折多于成功。要想解放人们的创造性，就需要鼓励大家去尝试，并在尝试的过程中收获必要的经验。成功固然可喜，但即便不如预期，能够"在跌倒时抓到一把沙子"，也不会令这段经历白费功夫。我认为只要有坚定的目标，一切经历都是有益于未来的。

因此，适应变革的组织需要的氛围必须是欣赏的、互助的、追求成长的、务实的。这样的氛围可以帮助组织接纳当前的现状，帮助团队从压力、焦虑中释放出来，让人们看到更为积极、更有动力的一面。营造这样的氛围，并将其落实到行动上，需要所有组织变革参与者共同投入，也需要领导者带头实践。

最后，我也在这本书中总结了在组织变革的过程中需要重点关注的一些关键要素。这些要素都是我们多年助力变革中踩过的坑、攒下的果，或许能够帮助读者少走一些弯路，增加一些信心。

目　录

第 1 章
提升领导团队能量

1.1 管理好自己的能量

1.1.1 不同的能量层级

乔治·古德哈特博士在研究人体运动学时发现，人体在其大脑所能"察觉"的观念意识范围之外，能够通过肌肉测试来发出指示信号，判断什么是有益的、什么是有害的。约翰·戴蒙得博士将其进一步发展为行为运动学，他发现正面或负面的情感和智力刺激，同样也能增强或减弱指示肌肉的力量。因此，通过观察肌肉的反应，可以判断出人们对某种情感的反应及反应程度。

大卫·R.霍金斯在此基础上，发现人体组织不仅能鉴别正面和负面的刺激，还能区分能量的高低。为了更明确地描述能量的层级，霍金斯在《意念力：激发你的潜在力量》内使用了有关相对真理的一套标度体系，对人类心理体验的意识能量进行相应的划分，并以对数数列的方式，用 1 到 1000 的对数值进行衡量，如表 1-1 所示。

表 1-1 霍金斯意识能量层级

人生观	层级	对数值	情绪	过程
存在	开拓	700 ~ 1000	不可言喻	纯粹意识
完美	宁静	600	幸福	启发
完整	喜悦	540	宁静	理想化
善良	仁爱	500	崇敬	心灵启示
意义	理性	400	理解	抽象
和谐	接纳	350	宽恕	超然
希望	乐意	210	乐观	意图
满足	中生	250	信任	放松
可行	勇气	200	肯定	激励
苛刻	骄傲	175	轻蔑	自负
敌对	愤怒	150	憎恨	挑衅
失望	欲望	125	渴望	奴性
可怕	恐惧	100	焦虑	退缩
不幸	忧伤	75	悔恨	悲观
无望	冷漠	50	绝望	放弃
邪恶	内疚	30	责备	毁灭
悲惨	羞耻	20	耻辱	消遣

在这些层级中，关键点是"勇气"的层级，其对数值是 200，以此为界可以大致区分负能量和正能量两个领域。

在"勇气"层级之下的，包括羞耻、内疚、冷漠、忧伤、恐惧、欲望、愤怒和骄傲等，会让人感到软弱；在"勇气"层级之上的中性、乐意、接纳、理性、仁爱、喜悦、宁静和开拓等，会让人觉得强壮。

不同的能量层级决定了不同的意识水平，不同的意识水平决定了对世界的反应，而不同的意识水平也会影响我们的自我能量管理。

让我们看一个工作中常见的场景：公司领导在大会上狠批一位员工搞砸了大单子，还引发客户投诉。这个员工垂头丧气、两眼无神，衬衫只扎了一边，露出了脏兮兮的衣角，畏畏缩缩地站在台上，极其无助。

在处于最底层的"羞耻"能量层级的人眼里，这个同事形象不佳、毫无生气、令人生厌；在"内疚"的人看来，这个同事应该为自己负责，罪有应得；在"冷漠"的人看来，他毫不关心这个同事，感觉与己无关，而且他感到绝望，预感自己早晚也会有这么一天；在"忧伤"层级的人看来，这个同事可能马上要丢工作，可以预见其悲惨的生活状态；在"恐惧"层级的人害怕他会做出过激的行为，损害公司，甚至伤害自己；直到"骄傲"层级的人批评其没有自尊心，不想办法把事情做好，不主动积极。

而在正能量的人眼中，这个世界是完全不同的。

达到"勇气"层级的人会思考，他必须得直面这个失败，从失败中走出来；在"中性"层级的人不会就这个事件而进一步指责他，而是把事和人分开探讨；在"乐意"层级的人会走近他，看看自己能够做些什么来帮助他；在"接纳"层级的人把丢单看成必然发生的成长过程中的学费，可能还会为了鼓励他而讲述一些有趣的心得体验；在"理性"层级的人开始基于此研究，如何改善组织的系统、资源配置，以更大程度地防止公司重犯该错误。到了更高层级的人甚至会认为这个同事和其他人没有任何区别，不好不坏，不喜不悲。

很明显可以看到，我们的意识水平决定了我们所看到的，我们的思考决定了我们对世界的看法。对于我们所面对的世界，虽然其客观存在，但如何解读却依赖我们脑海中的"翻译机"。因此，我们的能量层级也就取决于我们的意识如何看待身边的大事小事。换言之，自己的能量状态如何，是可以自我管理的！

1.1.2 重新认知自己

改变的前提是认清现实，若不知自己身在何处，那么做出的行动都是赌运气。要管理好自己的能量，首先要认清自己的能量状态位于何种层级。可是，人们的自我意识往往存在着错觉，认准自我意识也是个挑战。

我有一个学员，是我很少见的非常接地气的领导。他原本是公司的业务专家，对各项问题一目了然，他每天至少花费 6 个小时深入一线，和员工一起排查、解决问题，是公司内众多年轻人的师傅，他自己也乐在其中。他认为，自己是个非常优秀的领导，既能管好团队，又能掌控技术，躬身入局、攻坚克难。

直到我们向他呈交 360 度反馈报告时，他仍然不敢相信，他在下属心中的形象其实并不太高大。下属认为，他没有当好一个领导，向上管理的精力投入不够、争取不到足够的资源，反而天天抱着老掉牙的经验，带着下属一起"卷"，下属已经懒得动脑筋搞创新，只需要配合他加班即可。大事做不成，小事累半死，虽然不算无能，但最多只能算中规中矩罢了。

类似于这种自我高估的案例比比皆是，你我身上可能也在发生。每个人对自己的打分往往会高于其他同事对自己的打分。这不是特殊现象，而是一种常见的自我意识错觉。

塔莎·欧里希博士是研究自我意识领域的专家，她在《真相与错觉：我们为什么不够有自知之明，又该如何认清自己》一书中提到，自我意识在VUCA 时代（VUCA 分别由 Volatile、Uncertain、Complex、Ambiguous 的首字母组成，VUCA 时代指我们正处于一个易变、不确定、复杂和模糊的世界中）是个核心的技能，只有不断认知自己的状态，知道自己想要什么，知道自己的能量层级，才能不被五光十色的外界所影响，时刻保持在理想的状态。

与此相反，没有自我意识的人对自身价值和目标缺乏清晰的认识，也找不到自我热情、追求的源泉，只能跟随他人的指令行事、受他人影响，往往会让自己处于低能量的受控者、受害者状态中。他们经常感慨"人生不如意事十之八九"，当然了，别人的安排怎么可能经常符合自己的心意呢？

成功的领导者则往往会高估自己，觉得自己的成功可以复制，过往那么优秀的自己，在新的岗位上司样可以大放光彩。殊不知，不同阶段的岗位需求差异巨大，如果缺乏自我意识，缺乏对现实的正确认知，不能正确地了解自己和他人，失败就离自己不远了。

塔莎·欧里希博士认为，自我认知要素包括 7 个方面：价值观、激情、抱负、情景匹配、个性、能力和对他人的影响。

（1）价值观：价值观是拥有自我意识的第一要素，包含一系列准则，用以指导我们如何度过人生。价值观决定了我们要成为什么样的人，也提供了评估个人行为的标准。

（2）激情：亨利·梭罗说"做你热爱之事"。寻找自己热情所在的过程非常重要，找到能够让自己兴奋的事情，是自我意识探索的关键旅程。同样，要实现自我意识的良性循环，也可以通过帮助他人做他们喜欢的事，体会这种激情的感觉。

（3）抱负：抱负就像一张人生目标清单，洞悉自己的追求究竟意义何在。塔莎·欧里希博士认为，与其问自己"我想要实现什么"，不如问自己"我真正想从生活中得到什么"，有追求在，我们每天都会感到动力十足。即使我们没有令人羡慕的工作，但只要明白自己想要体验和实现什么，我们就能过上更好的生活。

（4）情景匹配：情景匹配建立在上述 3 点的基础上，只有知道自己看重什么、对什么有热情，以及想在生活中经历什么，才能开始寻找理想的环境。同时，不管你是正在为自己的生活、工作做出选择，还是选择共处之人，是否与自己契合、让自己拥有活力，才是衡量契合度的标准。

（5）个性：个性模式包括思想、感受和行动的模式，不仅要关注在多数情况下的表现，还必须审视具体情况下的个人模式。认清自己的模式，尤其是适得其反的模式，有利于我们掌控自己，在事情发生时确认选择某种行为的结果，之后尝试做出不同的及更好的选择。

（6）能力：通过观察自己面对不同场景的反应，进一步了解自己能力的优势和劣势，寻找自己擅长的事情，放大自己的长处，回避自己的弱点。

（7）对他人的影响：要想真正拥有自我意识，还需要弄清楚自己的影响力，明白自己的行为是如何影响他人的。这一点对于领导者而言尤其重要。

关键是能换位思考，想想别人在思考什么或者感觉什么，从他人的角度看自己，可以帮助我们更好地了解自己。

我在高管辅导的实践中将上述要素工具化，提供"自我认知要素表"让高管自评，以这 7 个要素的分析和探讨作为行动框架（如表 1-2 所示），助力高管们进一步深入自我认知。实践中，只要每半年（或一年）认真思考并填写一次表格，对照其中关键的变化，相信会有所收获。

表 1-2　学员自我认知 7 要素实例

自我认知 7 要素	诠释/示例	自我剖析（核心 2 ～ 3 项/要素）
价值观	参考：认为什么是重要的，尤其是冲突时的选择	个人成长、团队成功
激情	参考：激情的来源、怎么保持激情的	成就感和责任（对家庭、公司、员工的责任）
抱负	参考：想成为一个什么样的人、有什么更高更长远的目标	成为受人尊重、爱戴的人，成为优秀的新型干部
情景匹配	参考：适合在什么岗位/环境中	熟悉的人和环境
个性	比如脾气/模式、对人/事关注、活跃的、冷静的、质疑的	江湖气息浓、正直直率、极有原则
能力	优势或劣势，比如全面分析问题、表达沟通能力	优势：超强执行力、业务能力和水平、带团队的能力 劣势：系统思维、抗压能力
对他人的影响	参考：可以/期望给身边人带来哪些正向影响	父母的骄傲、孩子的榜样、员工的靠山、领导的得力干将

除了例行的阶段性回顾，在一段时间（3 ～ 5 年不等）内经常会出现某些关键时刻，极大地促进当事人的自我意识觉醒。这些关键时刻也是我们在辅导时需要花费大量时间深入剖析的情景，建议各位读者多加留意，经常回顾评析。

（1）新角色需要适应的时刻。当人们遇到轮岗、提拔时，就会面临新的角色、新的职责、新的规则，这些新的要求推着人们走出舒适圈，不得不快速提升自己的认知，以适应新的变化。在这个过程中，人们可以用新的视角来审视过往的自己，同时又像旁观者一般看着自己照镜子。这种现实与虚幻、未来与过去的交集，让人在时空的漩涡中震荡、眩晕、分裂、发现、惊喜，亲手打破束缚自己的枷锁，亲手把过去的伤口撕裂、再复位长好，就像老鹰蜕变的过程一般，痛苦而又充满生机。

（2）需要突破挑战的时刻。某些人生变故令人无法直面，甚至会导致人们的精神崩溃。起初这种时刻过于震撼，让人完全封闭。而一旦人们逐渐接受现状，并开始思索自己的行为与结果的关联时，这个时期就是进一步清晰自我认知、提升自我认知的有效窗口期。如果此时有教练介入，促动学员思考，可能令关键突破来得更快一些。

（3）日常洞察的灵光时刻。这是最容易发现自我意识，也是最容易被人忽略的场景。在自我意识特别清晰的群体中，有 2/3 的人表示，自己最深刻的洞察力是在平常的情境中获得的。某段不经意的对话、某个随机的点评、来自同事的某个小礼物、随手拿到的一本书、运动时的某个习惯动作……这些日常的时刻会点亮自己的灵感，让自己从不同的角度看到自己，知道自己某个方面的自我意识、行为模式。

1.1.3　管理能量的 7 种做法

能量管理这个词近来听到得越来越频繁。从时间管理到精力管理，再到能量管理，逐渐由表及里。一开始大家热衷于时间管理，排出精确优秀的时间表，这正体现了机械时代的精确特性，人仿佛机器一般不知疲倦地转动着。但人还是会累的，于是人们开始转向对精力的管理。如何掌控好精力的张弛，如何让精力的产出最高，成为研究的热门话题。随着进一步的研究探索，人们发现状态还受到能量状态的影响。当一个疲惫无力的人突然听到一个期待已久的好消息时，那种振奋感会让他瞬间激情满满、精力充沛。

对于组织的领导者而言，管理能量特别重要。只有更高的能量状态，才能帮助领导者拥有更长远和更广阔的视角、更大的影响力，以及更高的决策效能。尤其是在 VUCA 时代，既充满不确定，又充满无限可能，要求人们经常"即兴演出"，响应快速变化的环境。这种视角的快速切换、方法的不断调整，使人们仿佛在进行持续不断的折线跑，较以往可预测的直线加速而言，人们必将消耗更多的能量。只有做好能量管理，才能在突如其来的决策时刻做出正确的判断。

同时，在组织管理中能量是多向流动的，彼此之间的能量存在正强化或者负强化。领导者能量是组织能量的决定性因素之一，为了改善领导能量对组织的影响，领导者务必寻找到一条可行的能量管理之路，让自己的能量尽可能地保持在高能量层级。

如何自我管理好自己的能量，我们通过大量的调研，总结出 7 种能量管理的做法。

（1）转换视角，接纳和转化负面情绪，积极寻找新的业务突破口或推动方式，53% 的调查对象认为有效。

（2）通过阅读、健身、休息等方式，管理个人身体和精神上的能量，48% 的调查对象认为有效。

（3）和家人充分、坦诚地沟通，理解和支持各自的需求和情绪，46% 的调查对象认为有效。

（4）主动关心同事，建立更深的信任关系，33% 的调查对象认为有效。

（5）设定与家人的特定互动时间，与家人建立深入关系，区分家庭和工作时间，28% 的调查对象认为有效。

（6）结合自身优势，创造职业发展的新机会，26% 的调查对象认为有效。

（7）保证和客户的沟通渠道顺畅，聆听客户需求，24% 的调查对象认为有效。

1.2　成为值得信赖的领导者

1.2.1　信任红利 or 信任税

调查研究表明：与低信任度的组织相比，高信任度的组织的人员流动减少约 50%，信任管理层、忠诚且投入的员工的绩效表现要好 20%，同时离开组织的可能性则降低了87%。

史蒂芬·柯维在其著作《信任的速度：一个可以改变一切的力量》中提到，"（战略 × 执行）× 信任=结果"，再好的战略、再好的执行，都需要乘以"信任"系数，才能得到最终结果。优秀的领导为组织带来的是正向的"信任红利"，而拙劣的领导给组织带来的就是负向的"信任税"。信任是团队管理、组织管理中发挥领导力的关键杠杆。

没有人愿意被监督着，人更愿意被授权——按照自己的想法把事情做成，这样更能带来成就感。在相互信任的情况下，人们不用把彼此的能量损耗在消解不信任之上，效率也会提升。同时，信任也伴随着一种责任。

《意义革命：成为卓有成效的领导者》的作者弗雷德·考夫曼认为，对高层领导的信任，是激发员工主动性的三大主要驱动力之一。"士为知己者死"，为了不负重托，人们往往会迸发出惊人的能量。

与此相反，不信任则会带来"信任税"。在有些组织内，信任仿佛是个奢侈品，领导班子之间相互不信任，上下级之间相互不信任。领导们不断挥舞着KPI大棒、画着大饼，下属们则报以造假舞弊，整个组织举报成风，让人噤若寒蝉。在这种组织氛围下，上下同欲根本不存在，彼此还会因为不断地猜测、试探、误解，造成极大的资源浪费，拖慢组织发展速度。

1.2.2　建立信任的关键三角

要想实现充满信任的组织，领导者要先迈出第一步，首先要为自己注入信任的能量。只有领导者成为值得信任的人后，班子之间才有可能建立起相互信任的关系，进而将信任延展到整个组织，提升组织间的信任能量。作为公司的领导者，获得团队的信任是如此重要，那该怎么做呢？

建立信任的方法有许多，我认为最容易应用的是信任三角模型，如图1-1所示。该模型出自 *Begin with Trust*，它包括 3 个要素：本真（Authenticity）、共情（Empathy）和逻辑（Logic）。

本真
我感受到你真诚的一面

信任

逻辑
我知道你能做到；你的推理
和判断是合理的

共情
我相信你关心我和我的成功

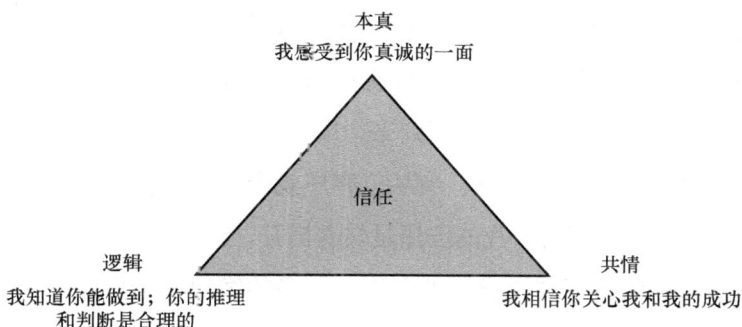

图1-1 信任三角模型

1. 本真

本真是信任的基础，指的是"做好真实的自己"，言行一致、示人以真，更是要求在外在影响或压力下，仍忠于自己的信念或想法，接受由此带来的一切好的和坏的结果。

本真不是日常唱高调。有一种常见的变形叫作"行为变形"。当压力出现或者利益可能受损时如何选择？不够本真的人，会倾向于"迎合"外部环境的要求。例如，当受到领导批评时，表面呈现出虚心接受的状态，而内心则翻起白眼；又或者，兄弟部门要求协助时，嘴上表示全力支持，转头却告诉团队少管闲事；再或者，有些领导言之凿凿地告诉团队沟通至上时，自己却一直排斥与客户交流，诸如此类。

另一种常见的变形是戴上"面具"，当领导者经常戴着面具和下属打交道时，背后折射出的是，领导者并不信任下属，必须把自己的真实意图隐藏起来。信任是相互的，如果领导者不愿意走出第一步，那他们跟下属自然毫无信任的可能。

根据我 20 余年辅导实践，我看到领导者越本真，团队就越团结，最终受益最大的一定是领导者本人。

希尔咨询从创立之时就坚守的阳光商务，应该可以作为本真的案例了。我始终认为合作往来的基础应该是"价值"，而非其他灰色的东西。客户采购希尔咨询的服务,是因为希尔咨询能够为其提供价值,助力其更好地实现目标。因此,我要求全员的努力方向是不断提高自身专业能力、提升客户意识、关注客户需求,自上而下均以此为原则来行事。

挑战本真的时刻也有不少。当某位客户晚上约我吃夜宵,要求我进行利益交换时,应该如何应对?我的选择是转身离开,再也不说一句废话。

当然,我也收获了"干净"的名声,更多的客户在选择希尔咨询时,不会有任何负担,不用担心任何的违规,我们可以专注于如何帮助组织和个体获得发展,心无旁骛。

希尔咨询的同事们也告诉我,叶老师是值得信任的领导,因为我可以做到表里如一、示人以真,他们并不会看到一个表面唱高调、背地里因为利益而扭曲的领导者,这也让希尔咨询的内部环境更加纯粹、管理更轻松、运转效率更高。

2. 共情

信任三角模型的第 2 个要素是共情。共情的主体在于对方,领导者能否做到共情,在于他能否放下自我,认真倾听每个人的想法,协调每个人的诉求,了解每个人的快乐、悲伤、愤怒。真正做到共情的领导者会让对方感到"太懂我了",油然而生一种知己感,也会让对方感到被尊重、被重视,这有助于快速建立团队之间的互信关系。

实践中,很多领导者误将"同情"当作"共情",这是错误的。共情的主体是对方,领导者要全然去了解对方。而同情的主体则是领导者,而且是一种强者对弱者、居高临下的"评价""宽慰",有时候不仅达不到共情的效果,甚至会有反面作用。

但有一点需要注意的是,领导者可以根据团队的具体情况,灵活掌控共情的边界。一方面要与团队共情,了解团队的能量流动;另一方面要掌控与团队的边界感,过于亲密的团队关系是很难建立权威的,而过于疏远的关系则权威有余、共情不足。更有甚者,一些领导为了共情而共情,反而落入下乘,情绪思路被团队所掌控，慢慢变成民意代表，这就导致站位错误了。

3. 逻辑

信任三角模型的最后一个要素是逻辑。逻辑指的是领导者是否能从理性上把事情想明白，把路径划清楚。一将无能累死三军，没人愿意跟着糊涂的领导干活，领导者需要依靠自己的专业，或者说逻辑能力，帮助团队把工作安排得井井有条，让大家在合适的岗位上发光发热。简单来说，领导者要有带着团队打胜仗的能力，也要有带着团队打胜仗的战绩，才能赢得团队的信任。

有的领导者看不清逻辑。他们觉得经验、实干更重要，逻辑无非是纸上谈兵罢了。这种说法没有错，但只局限在基层经理人员——需要在一线工作的队伍中。越高层的领导者，越不可能接触到一线工作，之前的一线经验也在快速发展的时代中失去了效用。这时如果领导者还仰仗经验，而不是逻辑能力，往往会变成"老顽固"，甚至会变成"看似内行，实则外行"的指挥。

共情和逻辑需要平衡使用，一般而言，共情在前、逻辑在后更有利于领导力的发挥。

学员中有个很经典的案例：领导 X 深陷在对下属指导的困扰中，想了各种办法，却发现团队很难执行他的建议。直到他决定不再提建议，只共情对方，却发现收获了意想不到的效果。

领导 X 是个优秀的业务骨干，从一线提拔上来，对一线的情况十分了解，"逻辑"很强。他一直认为自己对下属的困扰感同身受，没有什么问题他不曾经历过，每次下属只要简单描述情况，他就能够在 3 个问题之内判断出卡点，为下属提供很好的指导和支持。

但是他现在很困惑，下属不知道从哪天开始，仿佛和他越走越远了，有什么情况都不同步告知他，行动力大打折扣，下属只有在碰到大问题时才来找他，说不了几句话就抽身走人。

有一天他突然发现，自己也得到了曾经讨厌的某些评价，有的人说他"假大空、假惺惺"，有的人说他"手太长，什么都想管"，也有的人说他"根本不知道下属要什么，纯粹瞎指挥"。这些反馈对他来说宛如晴天霹雳，没想到自己以为具有了解一线、了解下属的优势，却得到了这样的评价。

到底发生了什么？

欲言又止的下属

有一次，下属来找他沟通新产品拓展的麻烦事。下属是负责市场工作的营销部门员工，使用了许多办法但业绩迟迟不见起色。

X对此太熟悉了，听了个开头就已经明白了问题，他告诉下属："你们要把用户体验地图画出来，在关键节点进一步做促销活动，团队服务时间延长到22:00，冲刺一波。"

下属欲言又止。

火上浇油的同情

他突然意识到下属好像情绪不对，于是他打算舒缓一下气氛。他表达了自己的"同情"，告诉下属："新产品上线总是这样的，你不用担心，客户接受还需要一个过程。"

同时，他还告诉下属："我曾经比你还惨，前3个月业绩几乎为零，天天都压抑得不想上班呢。后来那个产品也没做起来，让我消沉了很久。你现在比我好多了，至少还有小部分种子客户，我相信之后会好起来的。"

下属听完后，一言不发地离开了办公室。后来几天他完全没看到下属的行动，工作停滞了。

后来的一位下属在进行360度反馈时，告诉我们的顾问："X并不会太认真听我们说什么，我感觉我的汇报只是个引子，让他终于有机会把他的想法强压给我。而且他总在说一些大道理，我知道他可能想安慰我，但是那些大道理我也懂啊，能不能给点有用的？"

而当 X 给指导建议时，下属却认为："有时候，我认为他是以建议的方式，在批评我做得不对。我们不够努力吗？他又不知道具体的情况，他说的思路我早就尝试过了，根本就行不通，我现在都不想和他说了，汇报完赶紧走，他的想法根本就是浪费时间。"

换了种新做法

其实，X 是个不错的领导，毋庸置疑，他心里装的是客户、业务和下属，也尝试用不同的方式来调整，只是他着急地想办法解决问题，或者想让下属感觉好受些，这种宽慰、建议、同情，恰恰阻碍了与下属的同理。在下属调整好能量状态之前，这些做法的效率是不高的。

直到 X 采用了另一个做法：先把自己放下，全然感受下属的体验，不急于分析问题、给出自己的反馈，因为一旦这么做，X 就是在审视、评判下属。

当另一个下属因为类似的事情找到他时，他告诉自己停止思考，不要一边听一边想怎么办，而是全神贯注地聆听下属的讲话，感受其背后的体验，然后将体验说出来："你尝试了很多的办法，但是效果不太好，让你感到很焦虑不安，是吗？""你觉得很沮丧，明明努力了很久还是这个结果，觉得自己没有做好这份工作，是吗？"等等。

下属本来是低着头在汇报工作的，听 X 在描述体验时，慢慢地把头抬起来，把视线转移到了他身上。下属告诉 X："是的，我就是很难受，我也想把事情做好，但是不知道为什么，结果仍旧不如预期。"

X 继续说道："我也知道这种感受让人很不舒服，我们都想把工作做好，但就是感觉哪里不对劲，这个障碍没有跨过去，接下来的工作就都很别扭，而且效果就是很糟糕。"

"对的，我也这么觉得。我认为，障碍可能是……"

当 X 开始共情下属时，下属就感受到了支持。这种如"同壕战友"般的支持，会给其足够的能量面对挑战，消化领导接下来的指导建议。

接下来的谈话相当顺利，其实下属已经有了隐隐约约的答案，在 X 的经验启发下，双方很快进入对"事"的讨论，共同讨论出解决方案，事后证明这个解决方案也确实有效。

1.2.3 核实和分析：建立明智的信任

信任不是盲目的，更不能为了信任而信任。信任的能量极高，但假如未加以合理使用，破坏力也很大。史蒂芬·柯维在《信任的速度：一个可以改变一切的力量》中提到，组织需要的是"明智的信任"，如图 1-2 所示。明智的信任介于不信任和盲目信任之间，目的是将信任的风险保持在可控的范围内，通过给予信任来避免信任税，同时降低盲目信任导致的管理风险。

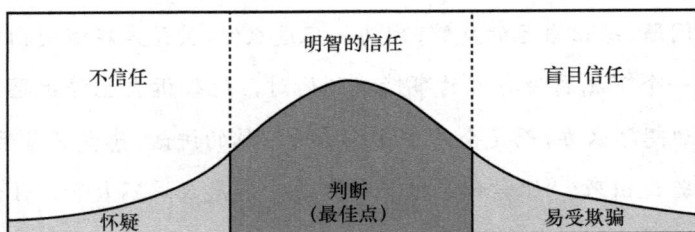

图1-2 明智的信任

明智的信任需要两个属性：高信任倾向和高分析能力。一方对另一方愿意抱有较高的信任，相信对方的动机和意愿；同时，给出信任的这一方，还需要有高分析能力。明智的信任矩阵如图 1-3 所示。

信任倾向基本上是出自心的，是一种相信人们值得信任，愿意自由地给予人们信任的意向或偏好。总的原则就是：对于那些正在赢得信任的人，要有条件地给予信任；对于那些已经赢得信任的人，要充分地给予信任。还要记住，要信任，但也要核实。即使我们充分地给予了信任，也不能忘记自己的责任，因为这是增强信任的基本原则。

分析能力基本上是出自脑的，是一种通过对事情的含义和可能性进行研究、推理、推断、评价，并做出合理决策的能力。给出信任的一方，需要明确分析对应事物的机会、风险和可信性等关键信息。例如，我们需要别人完成某件事，在选择什么样的人去完成时，我们就要分析：这些人完成这件事的成功率是多少？他们在完成这件事上可能会造成多少风险？这些人平时的行为是否让我们觉得他是可信度高的人……

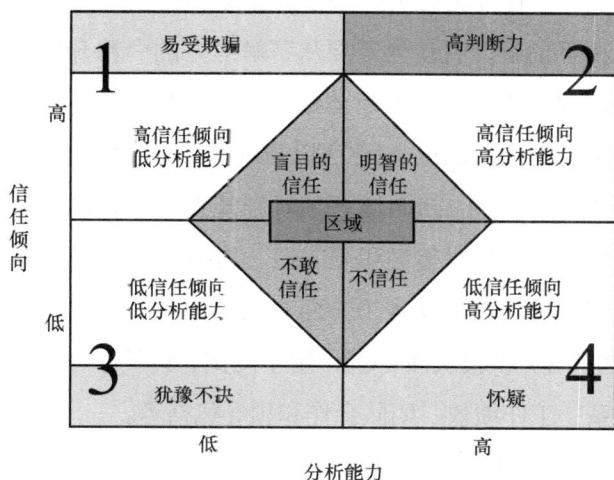

图1-3　明智的信任矩阵

谈到这两个要素——信任倾向和分析能力，你在这两方面怎么评价自己？你一般会很容易就信任别人，还是倾向于怀疑别人和保护自己？你是倾向于对事情进行仔细的分析、推理和权衡，还是只粗略地关注一下问题然后就匆忙推进了？你认为你目前的倾向多大程度地强化或弱化了你给予明智的信任的能力？

1.3　打造高能量的领导团队

1.3.1　凝聚力始于相互理解

你是否经常有这种念头闪过——"他应该……，他不应该……"或"他怎么会这么想……""这么简单的道理，他怎么不懂"之类。很多时候，不是对方的智商有问题，也不是对方的动机有问题，只是单纯地因为角度不同。

凝聚力高的团队，从相互理解开始，彼此要知道对方在说什么，为什么会有这样的表现，才有可能进入相同的频道展开协同。

要想做到相互理解，我认为需要从了解对方的个性开始。在此就必须提到测评。测评不仅可以用于了解个体性格特质，将其运用于团队建设中，而且有巨大的价值。例如，DISC测评可以帮助测评人了解自己、了解他人，以及找到彼此的着眼点。而Belbin测评工具则能直接结合在团队中所匹配的角色，快速分析团队结构的平衡性和倾向性。其中，DISC测评是国外企业广泛应用的一种人格测验工具，从4个方面对人进行描绘，即支配性（D）、影响性（I）、稳定性（S）和服从性（C），用于测试、评估和帮助人们改善其行为方式、人际关系、工作绩效、团队合作和领导风格等。

同时，这些工具的价值远不限于此，这些工具有助于在团队中创造共同语境。单刀直入地讨论工作，容易出现任务型冲突。而如果采用更有趣的测评，在团队中做好报告解读，并请当事人对报告展开理解和自我分析，就可以快速在团队中形成一种超出"理性"范围的氛围，彼此会有一种恍然大悟的收获——原来他是这样的人，难怪会有那些举动。

小李的部门新换了一位领导，和小李很不对付。小李的各项工作基本都会被领导揪到小辫子，一会儿是数据错误，一会儿是不合规定，再一会儿是有错别字，甚至领导还会就文字排版问题对小李一通数落。自从这位领导到任起，小李就没过过一天安生日子，逼得小李天天在琢磨，到底是什么时候得罪了这位领导，被如此"穿小鞋"。

一次偶然的机会，部门全员做了DISC测评。小李此时才发现，领导是典型的C型性格，对于业务、数据、流程就是一丝不苟，这种性格的人讲求规则、确保准确，身处领导岗位时就容易显得挑剔和苛刻。而小李是I型的性格，活泼、大胆、乐观，但同时容易忽略细节。

同时，领导提到，他其实很看重小李，认为小李很有想法，希望能够好好培养他。于是，他从自己"不允许犯错"的特质出发，认为"只有严管才是厚爱"。所以，他对小李要求越严格，其实是越不希望小李犯错，是越重视小李，而不是小李脑补的"穿小鞋"。

如果你是一位教练型领导者，或者有领导力教练在场时，还可以进行更深层次的"以心换心"的活动。通过教练的引导，帮助在场的成员深入回忆成长、工作中的关键画面，探寻自己真正关注的影响因素。这些影响因素通常位于脑海的深处，已经形成了某种思维模式、行为模式，并通过工作中的语言和行为表现出来。当有共同目标，且相互认知对方的思维模式时，团队就更容易进入相互理解的共同语境，觉得"他很懂我"——很多误解就会随之消失。

当时我正在促动领导班子之间的"本真"，选择了"以心换心"的工具。参与人员围坐在圆桌周边以示平等，每个人依次分享一个对自己影响最深的亲身经历，不管是令人欣喜的，还是令人沮丧的，只有一个要求，就是把当时的场景描述出来，描述的细节越多越好。

一开始，大家的发言还有点拘束。大家已经习惯了描述一些不疼不痒的、带有正面形象的小故事，听起来特别像"领导要保重身体"那般的建议，而这种相对泛化的描述是很难触动人心的。

在经过我的重新调整后，总经理抛出了一个"王炸级"的故事，也收到了令人惊讶的效果。

他说："这个故事我从来没有和别人讲过。今天要不是叶老师的触动，我从来没想过这辈子我还会跟其他人说。但是叶老师告诉我们，要讲出印象最深刻的内容，我脑袋中直接跳出来的就是这个。"

刚开始铺垫，他就已经开始发抖，用了很大的力量在抑制自己的情绪，我们都能听出他声音中的颤抖。

他继续告诉大家，他成长在一个特殊的家庭，是由叔公带大的。在他刚上幼儿园有记忆时，父母二人就选择离婚远走他乡，把年幼的他留给了爷爷奶奶，再不过问。更不幸的是，爷爷奶奶两年后都郁结成疾，也撒手人寰，此后他只能寄居在叔公家中。

在他的成长过程中，他觉得身边的每个人都比自己幸福，他也由此变得越来越孤僻、自卑。可是，越回避自己的不足，不足的声音在内心深处就越清晰，他开始习惯于看到自己的不好、告诉自己不配，也习惯于通过发现别人的不好，来掩盖自己的怯懦。这种自卑的情结，把他变成了一个变幻无常、冷漠薄情、防御性极强、攻击性极强的"怪"孩子。

所幸他天资聪颖，考上了当地的大学，毕业后就留在当地并进入了邮电系统。而当邮电分营时，他在毫不知情的情况下被调配到移动公司从头开始。就此过了数十个春秋。

这么一路长大，他所能依靠的只有自己，依靠自己的努力和不服输的精神，凭借无可置疑的业绩，当上了区县公司的总经理。

他告诉其他班子成员，他很没有安全感，他需要封闭自己的情绪，用对自己狠的方式逼着自己成长，以此打造自己的盔甲，他很害怕自己做得不好。所以有些时候，他讲话直接、不近人情，希望大家谅解。

讲完这个故事后，他眼眶是红的，但没有一滴泪水。反而是坐在对面的一个副职，已经止不住自己的眼泪。后来我才得知，这个副职对总经理本来有一种深深的愤恨。

这个副职随手抽了张纸巾擦了擦眼泪，稳定了一下自己的情绪，然后接着总经理的话说："我本来对您是很生气的，我非常讨厌您，只是平时我也不知道怎么开这个口。您知道吗？您讲话直接我并不介意，但是您就像个工作狂一样，每天加班到晚上 10 点、12 点！您知道吗？您自己要上进，您就自己去努力，为什么要卷我们？每次您加班，都要带着我们一起，我们也有自己的家庭，有自己的兴趣，我不想天天跟您耗在单位里。我总想不通为什么。"

"今天听您讲了这个故事，我很有感触，我能够体会到您内心的那种不安，那种不得不武装自己、让自己免受伤害的痛苦。我很愿意帮助您，看看我能做些什么让您不那么难受，希望您在我们这个班子里可以稍微卸下盔甲，稍微喘口气。"

本来强忍着的总经理再也绷不住，他没想到自己在意的"不近人情"并不是其他人的怨念所在，当然更想不到，自己的班子就像战友一样，向自己伸出了双手。

故事到此暂告一个段落。总经理和班子成员们相互理解，很快协商出了合作方案，总经理严格控制自己的加班时间，若非紧急的事项，尽量不安排在半夜推进，同时其他副职成员可以自由安排，远程协助。

"以心换心"工具并不复杂，任何团队都可以快速导入使用。在使用时需要注意的是，前期的场域营造是工具使用成功的关键，需要营造出开放、平等和包容的气氛，让人暂时抛开上下级工作关系；同时，会议主持人需要做好引导把关，适时引导故事的完整度和深度，避免落入泛泛之谈的形式主义中；最后，任何想要获得他人信任的人，必须带头做出自己的分享，只有先打开自己，才能得到他人的回应，千万不要指望采取"自己生病，他人吃药"的策略——这一点在大型组织中尤为重要。

1.3.2 回声共赢，助力事"业"伙伴

麦克·罗奇格西在《业力管理：善用业力法则 创造富足人生》中谈到了一个深刻的领导哲学。他认为，我们的一切所为、所言，甚至是所思，都可以称为"业"。哪怕一个小小的念头和行为，都会在潜意识中成为"业"，进而被人感知。同时，"业"具有回声一般的特性，它就像山谷中的回声一般，会把我们向四周发出的声音"返还"给我们自己。

于是，无论我们想从生活中得到什么，就必须首先帮助别人得到它。"业"和它所引发的结果总是有相似的实质：如果你对别人做了件好事，那么回到你身上的就是好事，反之亦然。善的"业"会带来积极的回声，恶的"业"会带来消极的回声。

领导者的"业"的对应人群，就被称为事"业"伙伴，包括客户、同事、

供应商和世界（社会），如图 1-4 所示。领导者得到追随者的拥护，追随者认同领导者的领导，领导者对其发出"业"，追随者亦回声"业"，他们之间存在着"业力"关系。

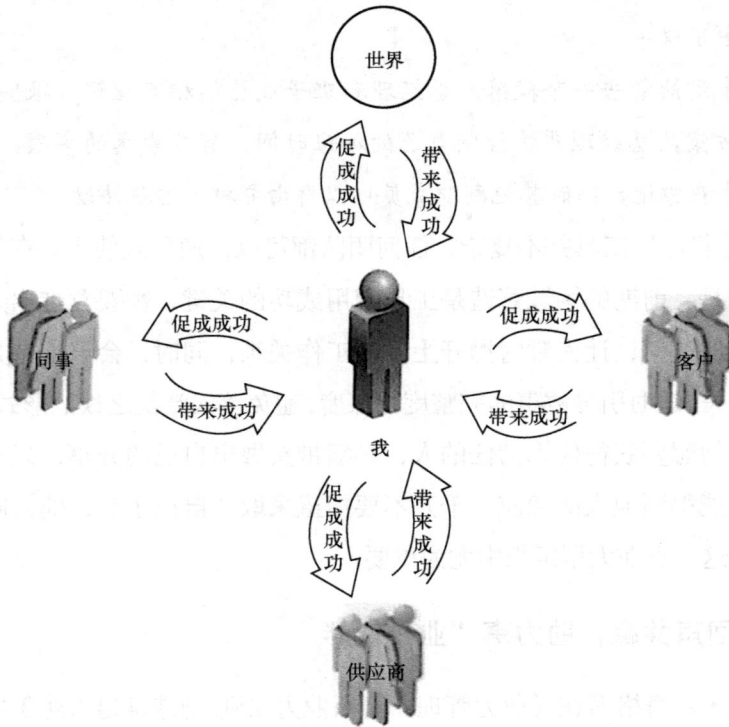

图1-4 领导者事"业"伙伴地图

事"业"伙伴是业力管理的核心，他们是让"种瓜得瓜，种豆得豆"得以实现的人，他们会把"业"种到我们的意识里，使它在日后成长为我们看得见的成功契机。对于每一个事"业"伙伴，我们全力以赴地使他们获得成功，然后我们的事业也会成功。

领导者身处于事"业"伙伴的中间，把他们的事情当作自己的事情，全心全意地帮助他们，获得成功就会变得容易得多。换言之：一切都源于我们自己。第一步由自己走出，而不是计较当下的付出是否对等，更不必算计未来会收到怎样的回报，单方面地开始让你的事"业"伙伴获得成功，他们也会回声给你。

Y 总是某个地市移动公司的一把手，他在某地网红景点建设项目中的出色表现，就是践行回声的经典案例。

2023 年全国文旅产业快速发展，当地市委、市政府也希望通过"文旅强市"，吸引更多游客、吸引更多投资。但是由于财政经费有限，当地的旅游配套设施相对一般，在风景秀美的山区里经常没有信号，游客发不了朋友圈、网红开不了抖音，甚至连移动支付都成问题。市委、市政府当前无法拿出专项经费来进行网络建设，更别说走完立项、可行性研究、招标等环节，商机不等人，眼看年度招商活动就要到来，如何改善景区体验成为棘手难题。

Y 总得知此消息后，认为中国移动必须坚持"以人民为中心"的宗旨，更要当仁不让为拉动当地经济创造条件。于是，他主动向市委、市政府申请，由移动公司协调资源、成立攻坚团队，在接近 40℃的高温天气下，组织 68 人次肩扛背驮完成设备安装与调测，创新采用"太阳能+风力"发电方式，快速开通了 4 个移动基站，实现了整个景区全天候、全路程的网络覆盖。在之后的市政府招商活动中，无论是网络体验，还是景区体验，都得到投资方的高度评价。

该市市委书记隆重表扬了移动公司创新方式、创造条件、克服困难的行为，殊为不易、难能可贵，要求各地各部门学习。在当年"政务服务+移动"暨数智乡村（智慧社区）项目上，率先开展"政务服务+移动"改革，启动首批 100 个智慧社区、100 个数智乡村建设，用某位领导的话说："移动公司向我们展示了其社会担当，哪怕在没有资源的时候，还能够与我们市委、市政府齐心协力，这样的合作伙伴我们很放心！"

Y 总后来总结道："我们得到的，本质上都是我们给出的东西。能获得市委、市政府、老百姓的认可和肯定，本质上是因为我们坚持'以人民为中心'的思想，不计成本、不遗余力、不求回报地解决客户通信网络问题。""一个人有多成功，取决于他帮助了多少人取得了成功：我们就是在助力市委、市政府成功的前提下，最终实现了公司成功。"

组织中的事"业"伙伴，我将其称为内部的利益相关者。这个群体不仅和我们有紧密关系，还和我们有共同的目标，共享所得收益。内部的利益相关者既包括领导者的直接上下级，也包括有紧密合作的领导层、平级同事等。越到组织高层，领导者越需要通过影响利益相关者的行为，最终实现组织目标。

领导者和利益相关者之间的回声，就是彼此通过相互助力，帮助对方实现预期目标，最终实现共同的目标。在凝聚力越强的团队中，回声的力量越大。

Z总是公司内分管网络部门的副总，该公司存在典型的大企业病，几位副总各管一块，互不插手，但还是有投诉发生。在听完我讲述回声的课后，Z总突然发现，有件事情需要她去做。

当时，她知道政企部门正在闹用工风波。有一位员工无法胜任岗位要求，但又因为各种因素无法简单将其辞退，因此日常工作开展时总是磕磕绊绊，上下关系已经闹得很僵。Z总主动找到了分管政企部门的副总，将该员工调任到网络部门，并将网络部门内培养多年的骨干人才主动推荐给政企部门，以加强政企部门的技术实力。

这正是雪中送炭，政企部门不仅解决了用人难题，更进一步了解了网络员工的技术视角。于是，政企部门在谈项目、定制解决方案时，也主动邀请网络部门参与研讨，不再是简单粗暴地向网络部门提要求。

结果也是喜人的，政企部门能够提供更好的方案，网络部门则减少了许多不必要的投诉和重复建设，客户更是得到了更好的服务、更低的报价，形成了三赢的局面。

而这一切，就源于Z总当时的一念回声。

1.3.3　追求成长，还是回避失败？

有一种思维方式叫作"固定型思维"。固定型思维的人把大部分精力花在证明自己是对的、自己比别人更好上，对失败有深深的恐惧，以至于经常忽略了事情本身的意义。因为害怕失败，所以他们会回避挑战、拒绝创新，绕开不确定的事项，往往会进入故步自封的状态。同时，他们会给自己找很多"合理化"的解释，既宣称相信天赋，认为人的能力与生俱来、后天无法培养；又经常犹豫不决、经常怀疑自己；而且，还会通过指责外界，将失望、失败、错误归结于外界的事和人，看起来愤世嫉俗。

固定型思维常见的言辞是：我只能做到这样了；我做不到更好；我没法做到那么完美；我就是这样，不可能更好了；这好难；这太复杂了；我没办法完成；我做不到；我不擅长这个；我做不了这些；我就是没这个天赋……这些言辞都是低能量层级的：差耻、恐惧、欲望、愤怒、骄傲……

与固定型思维相对立的是"成长型思维"。卡罗尔·德韦克在其著作《终身成长：重新定义成功的思维模式》中对比了这两种类型。我认为，拥有成长型思维的人，他们追求上自己变得更好，他们相信人的能力是可以开发和培养的。他们追求的不是当下这件事的成功——虽然这也很重要，但他们同样认为失败也能够帮助他们成长，随着能力的提升，成功在未来更容易发生。因此，他们乐于接受新事物，甚至会主动尝试新的创意，来探索能力增长的空间。

成长型思维的惯用语是：试试别的方法；我可以通过这个机会弥补自己这方面的不足；下次我就知道怎么处理了，我又学会了一招；我再看看还有什么可以改进的，我还能做得更好；下次我可以换另一种方式，做得更好；以后再练习，我还能再提高；他是怎么做的，我也要试试看；我试一下他的方法，说不定我也能做到……这些语句都是高能量层级的：勇气、乐意、接纳、理性、喜悦……

领导者要将团队的注意力调整到对未来、对成长、对结果的关注上，才能够将团队带上高能量层级，帮助团队持续提升。但我们也要看到，虽然成长型的氛围是每个领导、每个组织都希望看到的，但如果没有特定的做法要求，单凭成长型的"口号"，很容易在大环境和惯性思维的影响下，不自觉地回到固定型的做法上。

实践中我有 3 个办法，领导者可以此为每日清单的模板，有意识地要求自己每天至少各完成一次，在 3 ~ 6 个月内就能得到明显的变化。

做法一：从评价到反馈

评价指的是对他人好坏、优劣、对错的结论，一般出现在强者对弱者、上司对下属的情景中，并且会和某些结果相关联。反馈指的是对于客观事实的描述，或者基于客观事实所引发的个人情绪的描述，表达的都是真实的状态，不因发言者的好恶、标准而有所不同。

固定型思维的特征之一就是"对错"，领导者经常评价团队的好坏，就是在使用固定型的方式开展工作。如果用反馈来替代评价，将团队的眼光从对错转移到客观事实，既不会引发对事实、标准的争议，也有助于快速厘清现状、投入改善规划中。例如，领导看到下属迟到后，可以用"我今天看到你晚了10 分钟进会场"代替"你工作态度不端正，开个会都迟到"。

做法二：从问责提问到深层提问

结合做法一、二，在反馈、鼓励时，可以尝试运用深层提问的做法。

问责提问一般以"为什么"开头，为什么业绩下滑、为什么客户投诉、为什么推进缓慢等，这种提问触发的直接反映，就是需要提供一个足以解释的理由，这种做法仍旧是为了说明对错、追究责任。被问责者出于自我保护，或者由于能力不足，容易给出不太符合客观事实的理由，领导者哪怕十分精通专业（越高层的领导越难了解细节），也需要付出极大的管理成本用于澄清，更别说澄清过程是一个质疑的过程，会损伤彼此关系。

深层提问则是以"如何"开头，如何提升业绩、如何服务好客户、如何避免客户投诉等，这种提问首先触发的是对理想标准的追求，以及对未来改进的思考，虽然过程中必不可少会回溯现状的不足，但这种回溯更多是建设性的。回答者扮演的是思考者、规划者的角色，提问者则扮演的是支持者的角色。这样的沟通方式有利于增进双方关系，而且回答者同时扮演未来执行者的角色，他更愿意对自己的建议负责。成长方向和方式就在此确定。

做法三：从"他应该"到"或许我也可以"

组织中有一种常见的冲突，发生于"他应该……，怎么没有……"，每个人都有一些预期（对错），以此预期来要求对方的行为、结果，如果对方没有满足自己的预期，心中的负面情绪瞬间就会升起。但是这么做不仅改变不了事实，而且会造成不必要的干扰。还不如把念头转换为"或许我也可以"的方式，琢磨下一步还能做点什么，以成长的方式面对未来，才是解决问题的积极态度。

小王负责公司的销售部门，客户要求较为复杂，经常在财务审批流程上被卡住，甚至造成订单流失。他原本总认为"财务应该要支持业务，客户就是这样要求的，又不是我愿意的"，整个销售部门和财务部门都弥漫着冲突的气氛，每次开会都吵架。后来，我辅导小王做了成长型的念头转换，他突然间意识到，这种冲突"或许可以"成为销售部门和财务部门沟通的契机，于是他改变了做法，每次找财务催促流程时，都会顺手带上几杯奶茶，和财务同事一起吐吐槽，仔细倾听财务同事的顾虑点。渐渐地，小王和财务同事的关系越来越融洽，财务开始主动帮助小王寻找解决的思路，不到 3 个月，两个部门之间的冲突烟消云散。

1.4　注入心理能量，破除改变的桎梏

1.4.1　用"相信"为成长注入勇气

流行的"宿命论"认为，过往的××等原因，让一个人心有余而力不足，

他无法对目标抱有信心，无法改变现状，跳不出舒适区，新的领域对他来说太恐怖。正因为他并不相信目标，所以他给自己找了理由，也让自己失去了新的可能。因为不相信，所以永远做不到。

如果一个人多年以来都是"社恐"，他也很希望有正常人的社交生活，他很想改变，但是一旦开始面对他人，马上就会心慌气短、手脚颤抖。或许是与父母关系不和，或者在学校和职场受挫等原因，这种生理性的不适感导致他无法与人正常交往。他感到十分沮丧，认为自己实在不是这块料，完全不相信自己能够与人正常社交。

但也有另一种看法，阿德勒则倾向于"目的论"：我们的行为和心理状态受到我们自身的目标和目的的影响，而不是被过去的经历所决定。他认为，此人并不是因为不安而无法社交，事实正好相反，他是不愿意社交，他事先就已经设定了独自一人的目的，然后才"识别"出不安或者恐惧的情绪，进一步引发手脚颤抖、胸闷气短等症状，正好可以以此作为自己的"借口"。

他表面上有社交的念头，但实际内心深处不想改变自己的生活方式：早就习惯了独自一人，可以随心所欲安排自己的生活，不用照顾他人的感受，未来遇到的问题都是可预期的。但选择新的方式就不知道自己会遇到什么问题，和人交往过程中充满不安。因此即使他有各种社交期待，但还是认为保持现状更加轻松，更加安心。

根据阿德勒的说法，要真正实现未来的目标，我们需要从内心深处"相信"这个目标——我说的是真正的相信，而不是半信半疑、嘴上说说，不要将自己固定在过去的经历中，代之以认真思考自己当前的目标和期望，思考如何采取积极的行动。

史蒂芬·柯维在《高效能人士的七个习惯》中提出，我们做任何事都是先在大脑中构思，即智力上的或第一次的创造，然后付诸实践，即体力上的或第二次的创造。我认为，相信不是简单地描绘愿景，而是描绘出具体的优质画面，这个画面越具体越好，可以充满我们的五感。例如，可以在脑海中描绘出拿下大单时的情景，在怎样的会议室、都有哪些嘉宾、大单的主题是什么、会议室里鲜艳的花、茶歇室蛋糕的香气、媒体采访时问了你什么问题、当时你的心理感受、发言时都讲了些什么等等。

当我们在脑海中清晰呈现出优质画面时，就已经开始得到相信的能量。不知道大家是否有过这样的经历：不管在什么时候，当我们默默告诉自己，在接下来的几个小时内会看见许多红色的东西时，就会"凑巧"碰到许多红色，甚至有许多就在眼皮底下的红色，今天才突然发现。或者，当我们走进某个十分安静的房间，提醒自己千万不能咳嗽时，会突然"凑巧"地感到喉咙发痒，一股难以抑制的咳嗽冲动涌入脑海。

朗达·拜恩在《秘密》一书也有类似的论述。他称之为吸引力法则：要获得自己想要的结果，需要在内心深处有坚定的信念，相信自己能够实现，在脑海中不断闪现理想的画面，感受理想画面出现时的情绪、念想，甚至是触感、香气等。所谓"念念不忘，必有回响"。

我见到众多运用吸引力法则的领导者将相信的能量发挥到了极致，最终也带领自己的团队实现了逆风翻盘、业绩暴增。其中一个团队的成功经验还被中国企业联合会收录进"2023 年中国管理咨询优秀案例"。

我相信这不是"玄学"。因为一旦专注于自己生活的变化，相信自己可以实现目标时，你的大脑会积极主动地实现这一目标。在日常生活中不断寻找、发现实现这个目标过程的关键要素，并将这些关键的微小步骤叠加起来。一蹴而就实现某个目标或许很难，但每天都进步一点点，终有一天我们会发现目标近在咫尺。

我在课上常说："相信相信的能量。不是因为有希望才去努力，而是因为努力，于是看到了希望。"

1.4.2　我不是"受害者"！

提高心理能量还有一种重要的做法：拒绝受害者心态。

先来看看一个学员的真实故事。曾经的他体重超过 230 斤，原来一直不以为意，直到身体不堪重负，走几步就喘，喝几杯就晕，严重影响工作状态，他才把减肥这事提上了日程。

学员找到了当地最高端的健身馆，请了馆内收费最高的私教，请教练指导他减肥。教练根据他的实际情况，精心制订了减肥计划，可惜第一阶段就面临着严重的挑战。

教练首先要求他调整饮食结构，改变高糖、高油的饮食，增加蔬菜供给，减少夜宵的摄入。因为过往的饮食结构太不健康了，所以教练并不奢望一蹴而就，而是制订了半年的调整计划，希望逐步实现改变。可是，学员在一周后告诉教练，这周外出陪客户喝了两场酒，同学聚会一次，其他 3 天在家看比赛，不知不觉喝了一些酒。他跟教练说："我实在没办法，总不能客户不陪、同学不聚吧！球赛那么紧张，没有酒怎么说得过去呢！"

教练很无奈，既然改变不了饮食，那就增加运动量吧。教练仔细地检查评估后，制定了包括短时间有氧、大体重运动等策略，精选了 5 个运动动作，教练充满信心地跟他说："每天只需要 15 分钟，两周内一定能看到效果。"可是，学员在第二天就严肃地反对："我给你那么多钱，你要么叫我节食（其实不算是节食），要么叫我气喘吁吁、浑身发疼，有你这样的吗?！我希望的是你帮我搞定，而不是折腾我！如果只是节食和运动，我自己会不知道吗？你到底会不会？"

同为教练，我很能理解这位健身教练的感受。面对一个完全不想付出努力，只想坐等收益的学员，是多么地无语。他把所有的问题都推到客户、朋友、球赛和教练身上，自己不仅没有错，还受到了外界因素的毒害，莫名地可悲！

在心理能量方面，受害者心态最显著的特征，就是声称自己是无辜的。他会认为自己只是在被动地承受外部环境的后果。虽然自己很有成就的"意愿"，但有太多他无法影响的因素。他不仅认为自己与问题没有关系，更不承认自己是这个问题出现的原因之一，自然也不认为自己能为解决这个问题贡献力量。当出现问题时，他试图把责任推给任何人或任何事，好让自己逃得远远的，保证自己站在"正确"的高地上。好吧，既然他不是问题的一部分，他就不可能成为解决方案的一部分。

受害者心态的人还经常只描述问题，跳过原因、不谈答案。就如同孩子把玩具弄坏的时候，总会抱怨"玩具坏了"，而不会说"我把玩具弄坏了"。当他想要保护自己不受责备时，就会选择"这不是我的错"的受害者立场，甚至被他"伤害"的玩具，都能成为加害他的罪魁祸首。

但其实，这样的心态不仅让我们无法在问题面前采取对应的行动，还阻碍了我们的学习。一旦认为我们的问题不是我们的错，我们就倾向于等待别人改变或者解决它们。

与受害者对应的身份是负责人。负责人先关注事情的结果，关注如何把事情做成，如何让事情变得更好。他们思考的是：我需要做什么才能不让这种事情再次发生呢？

从受害者到负责人的关键一步，是改变你对事件的解释，不要说"会议让我迟到了"，而是说"我在上一个会议待的时间太长了"。不要说"这不可能"，而是说"我还没有找到办法"。受害者表达的意思是"我不用负责"，而负责人想表达的是"这是我的选择"，他们关心的问题包括挑战是什么、做了什么或者没做什么导致这种局面形成、真正对自己重要的是什么、要完成这个目标现在需要做什么、从这次经历中学到了什么。

我可以、我改进、我要什么、我学到什么……体现的是"负责"的能力，敢于负责，为自己负责。负责人知道自己的方向是什么，并且努力朝着那个方向前进。他们知道未来该有哪些台阶，也知道踏上台阶的路上并非一帆风顺。当下能够做好自然欣喜，哪怕面对失败，也能从中吸取经验，在下一次做对。负责人的做法牢牢掌控着对能量的控制权，他们自主引导能量，而非被外界引导。不管结果是否如意，能量的主动权都被负责人收回手中。

> L 总就是通过心态转变带动行为变化，最终实现业绩突破的好例子。
>
> 他所分管的集客线条业绩陷于低谷，他总认为自己接手了一个烂摊子，团队氛围差、业绩差，已经习惯性认输、习惯性靠后，更习惯性甩锅。甚至当他加大考核力度时，下属就抓着一些小事，半年内举报 3 次。"这样的情况，谁接都是死路一条。"

在辅导过程中，他发现自己是个很有责任感、一身正气、执行力超强的领导，同时也缺乏系统思维和敢打敢拼的气魄。他开始将目光从外部转移到自身，并清晰地列出改变目标。

过去 1：心魔困扰，瞻前顾后

团队问题还未彻底解决，还不具备创先争优的基础，因此他放松了对自己的要求，存在"等"的思想。

信访反映多，管理上有所顾虑。

目标 1：破除心魔，全力以赴

破除"过得去就行"和"等一等"的思想，对自己高标准、严要求，全力以赴带领员工打胜仗。

破除"恐后不争先"的思想，要永争第一，必须让公司在 3 年内成为全省"优秀地市公司"。

过去 2：不敢竞争，不善竞争

认为自己是异地干部，当地的客情关系、朋友圈弱于对手，认为对手很强大，缺少攻坚克难的拼劲和韧劲。

考虑客观原因多，竞争缺少方法。

目标 2：敢于亮剑，寸土必争

逢单必抢，寸土必争！不到最后绝不放弃，躬身入局，全流程参与、协调、推动，团结朋友打胜仗，团结一切可以团结的力量，建立合作生态。

过去 3：点线思维，见招拆招

过度关注点、线上的人或事，对体系和能力思考不够。

思考问题的广度、深度、高度和执行速度不够。

目标 3：系统思维，体系推动

运用"s理论"系统模型，系统打造高效团队，让团队脱胎换骨，

运用"解决问题五步法"，挖掘关键影响要素，推动杠杆点。

围绕着目标，L总还制定了清晰的行动计划，不让认知改变落在地上。令我十分高兴的是，经过一年的努力，L总成功带领原本涣散的"问题团队"，取得了显著的成绩。专线增量全省第一，某项竞赛全省第一，集客整体业绩从倒数第五进步到全省前三。客户还是那些客户、竞争对手还是那些竞争对手、团队还是原本的团队，这一切的成绩，与L总的变化是密不可分的。

1.4.3　无意愿，不改变

吉姆·罗恩说过："你的生活不会因为偶然而变得更好，它会因为改变而变得更好。"

无论你愿不愿意承认，生活一直都是在改变的。我们可以选择主动引领改变，或者找准节奏跟着改变；也可能被动响应改变，甚至拒绝改变，但那最终会让自己被社会所淘汰，因为总会有一面"南墙"扑面而来。

当你没有准备好并且抗拒改变时，你是无法控制或选择怎样过你的生活的。与其被生活追赶得束手无措，还不如拥抱变化并以积极的方式应对挑战，把握变化给我们生活带来的机遇，时刻做好应对变化的准备，让自己拥有更强的控制力和更多的选择空间。

虽然我们都知晓改变的重要性，但多数人并不愿意被改变，除非他自己想改变。因为在走出舒适区的过程中，必然伴随着挑战、否定和痛苦，如何面对这些困难？如何想办法从困难中获得收益？如何推动自己找到改变的动力呢？

对于在职场拼搏多年、见多识广但消磨了斗志的领导者们，除了常规的回顾愿景、重回初心等方法，不妨从家庭、孩子等他们关心的人和事开始聊起。

W总即将退休，作为地市公司的一把手，被省公司安排参加我的一对一辅导。他开场就把身体深深地埋进沙发，找了个舒服的姿势，告诉我："叶老师，我觉得现在挺好，也没啥要改变的，咱们随便聊聊得了。"

既然如此，那可能需要解决的不是改变的办法，而首先是改变的意愿。很明显发现，W总对事业进步已经不抱希望，只想安稳落地等着退休，更不希望此时有大的变化和尝试，以免为自己未来退休埋下隐患。

如何"点燃鞭炮"，唤醒W总的意愿呢？我了解到，W总有一个读大三的女儿，暂时没有对象。于是我先问了W总一个问题："你认为，女儿未来找对象的时候，会以什么标准来选择？"W总一开始说房子、车子、学历、事业等，边说边自己摇头，之后在我的提示下，突然意识到，未来女儿择婿的第一标准，肯定会以心中父亲的形象为标杆啊！要么作为正面榜样，要么作为负面例子，自己现在的状态会是女儿所希望看到的吗？

说着，W总从沙发上坐了起来，把手搭在桌面上，很认真地问我："叶老师，你觉得我退休后的状态应该怎样才会更好？"我告诉他，退休后能不能过得好，跟退休时的状态有关系。是作为一个"躺平"的、平庸的失败者进入新的身份中，还是成为辉煌、积极的胜利者迈入下一个人生阶段，状态是完全不同的。

在系统内独当一面10余年，W总一点就醒。我能清晰地看到他眼里的光重新亮起，接下来的辅导就异常顺利了。一年后，W总所带领的地市公司进入了本省前十，特定线条的指标更是进入全省前三，W总实现了自己的计划，在退休前为自己写上了一个大大的感叹号。

在具体的工作场景中，由于存在着考核评价等因素，要唤醒团队的自我改变意愿，难度更大。在实践中，我总结出团队改变的"1+3"模式，可供读者参考。

首先的"1"是心法，只有3个字："不强求"。

做出改变意味着走出舒适区，也意味着要"否定"当前的一些行为，需要耗费较高的能量才能实现。而当人们面对压力巨大的KPI，陷入无止境的流程中时，往往是疲倦、倦怠、沮丧的。此时谈论任何的改变，都很容易引发对方的自我防备，解释、甩锅，甚至反弹就随之而来。

人的改变只能由内而外，只有自己想明白了，改变才会发生。如果靠外力强压，固然在短时间内有一定效果，但长久来看就容易出现上有政策下有对策、阳奉阴违的问题，尤其是在大型组织内，领导者难以把控到执行细节。

因此，作为领导者，内心要有坚定的意志，在行为上则需要因势利导，找到准确的时机，而不宜直接使用"胡萝卜＋大棒"的方式。

除了心法，还有 3 个动作可以引导团队改变。

动作一：共创愿景

要唤起职场人改变的意愿，需要把人们的视角，从令人沮丧的蝇营狗苟，转移到令人心驰神往的美好画面，进而重新唤醒奋斗的激情。领导者可以带领团队"以终为始"，在大脑中共创出一个愿景、目的地或指路的罗盘。

H 总在带领团队共创愿景时，在文化共识的基础上，花了一下午的时间和各个团队畅想实现愿景时的场景。有的人说，收入可以翻番，进一步想象除了工资条上的数字，还有年底带着家人去旅游的场景；有的人说，愿景实现时，一定可以获得上级单位的嘉奖，她可以站在领奖台上，和大家分享 H 总和本公司的经验做法；还有的人说，他那时候就是各个政企单位的优质供应商，客户都愿意主动和他探讨项目、设计解决方案，一起想办法整合资源，到时候看着建设而成的信息化大楼，他可以很骄傲地参加剪彩仪式……

畅想得越具体，就越能"真正看见"。领导者可以使用欣赏式探询（Appreciative Inquiry，AI）的技巧，在 Discovery（发现）的基础上，探索 Dream（梦想），再进行 Design（设计），最终 Destiny（实现）。该方法的具体运用方式，本书第 5 章会展开论述。

当然，在共创愿景时，适当引入身边的案例、故事，更能够增强团队的信心。毕竟，故事的说服力远超说教。

动作二：从小胜到大胜

无论如何畅想设计，最终还是要落在成果上，只有收获成果才能真正令人信服。但是很多领导者擅长规划梦想（画饼），却迟迟未见成果，最终积攒起来的热情逐渐消退，团队也陷入低谷。

所以，领导者得改变做法，改掉"憋大招"的习惯，采用敏捷的方式，带着团队快速迭代，在迭代过程中不断体验收获的喜悦，才能在长跑中为各团队持续注入新的能量。

在课堂上，一位政企部门的经理说，他要亲手写一册词送给某位客户，因为该客户很喜欢古诗词。但这个册子写了半年了，只有寥寥数语，每天都有忙不完的事，让他迟迟无法动笔。

H总使用了方法二，建议他晚上就把填词本拿出来，不管有没有时间、有没有状态，都要拿出来，然后坐在书桌边读一首自己喜欢的词。这个动作只需要花费他5分钟的时间，甚至不用动脑筋，权当朗诵和放松。结果，第二天上午，这位经理就眉飞色舞地来找H总汇报，说他昨晚读着读着，突然间来了灵感，很快就写了几句词下来，夸H总的办法好。

福格博士也提到他的健身经历，原来希望自己能够做100次俯卧撑，总因为心理压力过大而迟迟没有行动，后来改变成每天做1次俯卧撑，就很容易坚持了。慢慢地，有了5次、10次……经过半年的努力，就实现了过去数年无法实现的目标。

动作三：从表扬到鼓励

每个人都希望自己的改变能够得到他人的认可，增强自己改变的信心。很多领导者不吝自己的夸奖，经常把表扬的言语挂在嘴上——毕竟这种精神激励是免费的。

但我认为，这是错误的。领导者要多鼓励、少表扬。因为，鼓励的是行为，表扬的是结果。结果是行为的自然呈现，如果不追求行为过程，只关注结果成败，领导者就没有尽到管理职责，甚至是一种失职。

H总曾经总是表扬某个人:这次又拿了小组第一,又实现了多少收入等。

这些都是针对结果的表扬,虽然当下令人振奋,但潜在的弊端是让人形成固定型思维,结果不好的时候就没人汇报,甚至还出现过弄虚作假的事件。

后来,H总改成了反馈、鼓励。反馈和鼓励针对的是客观行为,他在会上变成了这么说:"我发现××经理每天都上门拜访3位客户,下班时都认真仔细整理客户的需求细节,这个行为值得鼓励,我相信这也是她上个月业绩第一的重要原因。"这样的说法,听者的焦点就从结果好坏,转变成动作、努力、坚持等行为。

另外,正向鼓励要及时。曾经的H总每季度开一次表彰大会,我告诉他,间隔这么长时间的表彰总结,是在变相鼓励大家"憋大招",不利于敏捷改变。因此,H总改成了每周例会小结,每周都能发现团队的改变、成长,每个人都能及时得到鼓励,信心满满。

1.5　规避破坏团队凝聚力的领导行为

彼得·德鲁克说过,"我们用了太多的时间来教领导者应该做什么,却从来没有想过要教他们不该做什么。在我见过的所有领导者当中,有一半不需要别人教他们该怎么做。他们真正需要的,是知道哪些事情不该做。"

前文已经聊了许多提高领导能量的行为,但硬币有两面,同样也会有一些行为,会显著破坏领导能量,需要引以为戒。我在马歇尔·古德史密斯的著作《管理者如何让人长期追随》的基础上,综合辅导的实践,将其归纳为五大方面。

1. 显得比对方更厉害

容易破坏自己领导能量的,就是胜负欲,有些领导者总会在有意无意间,要显得比别人更厉害。

这种胜负欲并不是出现在任务型的冲突中，而是在非常不必要的场合中，通过点评他人、补充信息、自我吹嘘等方式，显出自己的不一样。在我辅导过的高管学员中，超过90%有不同程度的问题，其他团队则100%表示领导的这种行为让他们感到沮丧。具体行为描述如下。

（1）求胜欲太强：在任何情况下都要不惜一切代价去打败对方——无论这样做是否值得。

（2）太喜欢点评：总是要对别人的说法评论一番，把自己的标准强加于人。

（3）喜欢抢功：总是过于高估自己在某项工作中的作用——这是让人非常厌恶的一种恶习。

（4）喜欢用"不""但是""可是"来开头：过多地使用否定式过渡语，实际上是在告诉对方，"你错了，我才是对的"。

2. 以自我为中心

以自我为中心也十分容易破坏自己的领导能量。这些领导者傲慢无礼，眼中只关注自己的思想、言语、行为，几乎看不到他人的诉求和反应，几乎不关注自己的能量。

他们经常粗暴地打断他人的发言，或者用行动表示他根本就没在听；他们所做出的所有决定，都是他想这样做，而不是考虑团队需要什么，更看不到团队的付出；他们根据自己的喜好来判断自己和周边的人，哪怕是显而易见的错误，因为自己也这么做，也会强行要求组织据此而为。具体行为如下。

（1）不懂得聆听：这是对同事极不礼貌的一种表现。

（2）不懂得感激：这是缺乏礼貌的一种坏习惯。

（3）过于强调自我：把自己身上那些无法改正的缺点看成一种美德，总是强调"我就是这样一个人"。

（4）隐瞒信息：为了让自己占有一定的心理优势而拒绝跟别人分享信息。

3. 回避问题，推卸责任

不负责的领导很难得到团队的尊敬和追从。他们往往会把所有的过错推得一干二净，要么是历史原因、要么是他人犯错、要么是不可抗力，甚至是惩罚报信者，这样的行为没有担当，团队每天都会过得战战兢兢，生怕"人在家中坐，锅从天上来"。

同时也有一种更消极的能量，就是为了避免担责，撒手不管。他们拒绝和拖延所有事，只要事情不是必要发生的，一概不做，这样就最大概率地规避了做错的可能。他们的具体行为如下。

（1）总是喜欢找借口：总是把自己的坏习惯归结为某种无法改变的原因、过去的人或事，以此来为自己的行为开脱。

（2）乱找替罪羊：总是把自己的过失推到其他人头上。

（3）惩罚报信者：错误地攻击那些本来想要帮助他的人。

（4）拒绝道歉：拒绝为自己的行为承担责任，拒绝承认错误，不承认自己的行为影响到了其他人。

4. 负面否定，行为消极

这种领导则让人沮丧。虽然他不一定有什么恶意，但是消极的行为会不断削减自己和周围人们的能量。他们自己已经失去了追求未来的勇气，也不具备足够的成长型思维，总是试图告诉别人风险过大（哪怕是为了对方好），在他们眼里，从来就没有做好，而只有存在不足下次需要努力。具体的行为如下。

（1）负面思维：比如"让我来告诉你这样做为什么不行"，总是要用自己的负面思维去影响周围的人——即使是在毫无必要的时候。

（2）发表破坏性评论：总是会说出一些不必要的讥讽之语、否定之语。

（3）不懂得表示认可：不懂得表扬或奖励别人。

（4）沟通时传递低能情绪：沟通时习惯性采用低能量的愤怒、沮丧、冷漠等情绪。

5. 管理错位，插手过细

这种领导缺乏足够的边界感，也没有安全感，认为只有自己看到、自己掌控的工作才能取得成果，因此他们习惯性越级管理，插手十分细致的工作。而下属则往往会陷入多头领导的尴尬境地中，不知道该如何开展工作，失去了主动思考的动力。这种插手很容易破坏上下级之间的信任，导致团队凝聚力下降。具体的行为如下。

（1）越级管理：跨过分管领导，直接干预更下级员工的工作，并提出具体的执行要求。

（2）随心所欲：干预标准不清晰，根据自己的心念随时干预工作，或者只干预自己喜欢/擅长的内容，破坏下属工作的系统性。

（3）回避本责：喜欢插手过细的领导者，经常会以战术的勤奋来掩盖战略的懒惰，导致格局过低，应该由自己负责思考决策的工作停滞不前。

（4）抢功诿过：插手具体工作后，有成果就认为是自己指挥得当，发生问题就推给具体经办人员或者其领导。

第 2 章
凝聚文化引领的能量

2.1 组织管理的新范式：文化管理

2.1.1 背景能量与组织文化

曾经我到过一家公司，一进门就能感受到暖意扑面而来，既是因为暖气开得足，也是因为员工们的热情。这种热情带着一丝放松，不像是领导视察，倒像是回家走亲戚一般，宾至如归。

果真，这里的总经理非常推崇家文化，认为公司就如同一个大家庭，同事们就像兄弟姐妹一般。在大型国企中，同事关系几乎就是一辈子，相互之间知根知底，在大家长们的带领下过日子，过得好就多分点，过得不好就相互帮衬。

一开始没人告诉我这家公司是怎样的，但感官体验明确无误地给我传递了这样的信息。这种能刺激人潜意识直觉的能量，往往来自组织的能量场。

组织由人集合而成。当人们与其他有"相同思维"的生命体结盟，为了共同目标而联合在一起时，每个个体的能量场就会以一种更高级、更有效、更复杂的方式糅合在一起，形成新的能量场，这就是组织的能量场。

诺曼·沃尔夫在《激活组织能量：打造有机组织，创造非凡业绩》中提到，组织中的能量"始于背景能量"。他认为，背景能量是组织的"宗旨之魂"，描述了组织存在的意义和价值、组织的边界，是人们将对自己有意义的事物与对组织有意义的事物相连接时，在内心深处出现的一种更深层次的连接感。

背景能量定义了组织为何存在、组织的存在给世界带来了什么改变、在组织中什么是最重要的等。这种能量就如同空气一般弥漫在组织每个角落，决定了组织的发展方向，决定了组织中各个元素之间的关系、优先顺序，也决定了组织的行事风格。

例如，技术型公司和市场型公司就有巨大的不同。技术型公司往往会更重视对于研发的投入，也更容易在处理客户关系时强调先进技术的作用，在公司内部也是技术人员的话语权更大；而市场型公司则恰恰相反，大量资源用于市场营销、公共关系，对于技术的需求更多着眼于满足客户需求即可。

两种不同文化的公司都有成功的机会，但其发展路径则大相径庭。想要做好组织能量管理实践，就必须清晰识别出组织背景能量的特点，以此开始再逐层撬动关系能量和活动能量。

曾经，人们习惯以机器范式的眼光来看待万事万物，如果你想要的东西不能简化到用行动、任务、指标来表达，它就会被认为是虚无缥缈的。哪怕在 20 世纪中期，学术界引入了团队、协作、使命/愿景/价值观、战略匹配、服务型领导、领导替代理论等众多先进的管理理念，但在大部分公司，似乎也就到这个程度而已。这些理念并没有从根本上整合和转变现有的机器范式，不过是给"机器"增加了一些装饰。

直到机器范式和 VUCA 时代开始冲突，机器范式不再高效，商业界发生的很多事情已经无法用现有模型解释。日趋复杂的经济社会环境，使结果的不可预测性呈指数级增强，市场开始强调服务过程中的个性化与定制化，对供应商的灵活性要求胜于对生产效率的要求；在组织内部，人们也开始放下对规模化、标准化的追求，开始寻找自己的工作意义。当人们希望发挥自己的主观能动性、追随内心的想法来开展工作时，一体化的组织方式就容易压抑人们的价值创造热情，再好的机器也难以发挥出最佳效能。

人们逐渐认识到，机器和人具有不同层面的能量，这两种能量是可以互补的。机器提供了效率，人性提供了智慧。而且机器会通过人的智慧而被赋予新的价值，甚至会创造升维的价值。文化引领、领导力等方式的效果，在不知不觉中变得越来越重要。新的心理学和人类行为理论，也从新的视角解释了潜意识的力量并为我们所用。因为有了这些新的模型，我们现在可以更好地控制自己的行为，并且拓展自身的意识、理解和智慧。

之前被视为无法解释的东西，即商业"软"的一面，现在变成组织中的重要组成部分。在组织变革实践中，这些软的背景能量具象为"文化"。

组织文化大师埃德加·沙因在《组织文化与领导力》一书中对文化进行了总结："一个群体的文化可以被定义为群体在解决外部适应性和内部整合性问题的过程中累积的共享习得的产物；其有效性已被充分证明，因此，被传递于新成员以要求以正确的方式来认知、思考、感知和行动。""这种累积式的习得是一种建立在理所当然的基本假设基础之上的，并最终以无意识状态存在的信念、价值观和行为规范的模式或系统。"

目前，组织文化已经是一个常见的名词。根据GB/T 19580—2012《卓越绩效评价准则》，以及 GB/T 32230—2015《企业质量文化建设指南》，组织文化包括使命、愿景和价值观三大内容。

（1）使命是组织的根本，即企业的一切源于使命，回答了"组织为什么存在"。

（2）愿景是由使命转变成的真正富有意义的预期结果，回答了"组织发展成什么样"。

（3）价值观是企业在实现使命和愿景过程中的思维模式和行为方式，回答了"我们如何行事"。

需要专门花费时间、精力和资源，有意识地将其融入企业文化中，融入工作实践中，引导、培育其真正成为文化的一部分。

在实践中，核心价值观和理想价值观容易被混淆。人们往往会对自己有过高的估量，反映在组织中，往往就是将实际上仍未实现的理想价值观理解成组织的核心价值观。这种混淆将导致在落地时，员工会发现组织"说一套做一套"，说得好听却做不到，这讲的经常就是理想价值观的落地现状，也会严重削弱员工对文化的认同感。

剩下两个是基本价值观和意外价值观。

基本价值观是一个组织最基本的行为准则，如诚实、友善等，这些属于底线，并不是组织间的显著区别。在共识企业文化时，要避免将其作为组织的核心价值观或者理想价值观，否则会导致价值观稀释和泛化，让本来就"虚"的文化显得更虚。

意外价值观则是组织发展过程中无意出现的，不一定有利于组织。例如，在当前的一些大型企业中，泛用外包，让外包人员承担主要的执行工作，就是一种逐步发展出来的价值观。这种做法虽然在一定程度上提高了组织效率，但也在一定程度上削弱了组织能力，组织逐渐丧失业务和技术能力。领导们要防止意外价值观扎根，尤其是这种带有潜在破坏性的意外价值观，它们会妨碍新的想法和人在组织中的发展，甚至会排斥新的观点、潜在市场等。

第二，将价值观与实践结合贯通。

根据罗伯特·迪尔茨所整理的NLP（神经语言程序）思维逻辑层次模型（在我的第一本书《员工主动了，管理就轻松：使能管理让团队生机勃勃》内有更为详细的说明），人们在思考某些事情或者解释一些社会现象的时候，会有不同的思维，这些思维分别处于不同的层次。这些层次分别为：愿景/精神（第六层，最高）、身份（第五层）、信念/价值观（第四层）、能力（第三层）、行为（第二层）和环境（第一层）。

2.1.2　凝聚能量，指明长期意义

组织的文化提供了宗旨与边界，本质上是一种长期的意义，给组织提供了持续奋斗的目标。

没有长期意义的存在，人们就会追求短期利益，追求容易衡量、易于反馈的事项。但短期的外部激励，尤其是现金回报、岗位晋升等，十分容易到达能量的天花板。在满足生存需要之后，金钱激励的边际作用会不断减弱，一些人开始计较个人兴趣、家庭要求、晋升空间等，他们发现"躺平"突然成为最佳选择。所以我们会看到一些领导者在到达事业高峰时，突然呈现断崖式的倦怠，这往往是因为他们失去了人生的目标。

只有长期的意义才能够由内向外提供激励，激励企业、激励全员持续奋进。因为愿景，企业的创始人走到了一起，吸引了核心的团队，凝聚起员工。因为使命，组织才有可能在面临挑战时，不会因为短期困难而如鸟兽散，反而会在文化的引领下，更加团结地共度时艰。

相对于个人的能量，组织的能量更为复杂，因为每个人都有自己所追求的彼岸，而领导者则面临着巨大的挑战——如何将每个人的想法凝聚在一起，形成组织的共同宗旨。想法是没有对错的，我们无法用"评价对错"的方式来处理，更无法强行要求（除非想逼着员工进一步隐藏自己的想法）。

一般来说有两种办法。一种是领导者自上而下的降维管理，提出一个格局更高、更有使命感的文化，置换出组织中较为短期的利益诉求。人心向上、人心向善，人们在接触到更有意义的目标时，会不自觉地为之触动并投身其中。

另一种是相互启发、见贤思齐。领导者也可以组织团队成员共同研讨组织的长期意义。当领导者将此问题公开正式地提出来时，本身就具有相当的能量，启发真正愿意投身其中的人们深度思考。在一轮一轮的碰撞中，大概率会出现符合团队共同属性的文化内容。

2.1.3　放大能量，用好同频共振

埃德加·沙因在《沙因文化变革领导力》中提到，文化作为组织的"软背景"，不能简单地抽象成一个职能、一种模式、一种方法或者一种结果，文化是在组织不断自我迭代、自我适应的过程中，经历了激进、迷茫、妥协、斗争等随机、非线性的步骤，最终由领导者及其追随者在市场中共同拼搏、学习、沉淀而形成的。文化糅合了领导者的个人风格、团队的共同属性，作为组织存在的底层宗旨，潜移默化地影响着组织的决策和行动。

每种能量都有其特定的振动频率，而同频的能量之间会相互加强，这被称为共振。共振是一种很强大的放大器，声音的共振可以震碎玻璃，气流的共振甚至导致了塔科马海峡大桥倒塌。

文化也有其特定的频率，这个频率源自组织内人们的意识、理念、行为等特质。具有共同属性的团队，所发散的能量频率自然也极为接近。

作为领导者需要认识到这一点，组织内的能量频率需要尽可能地调整成一致的，通过加强共振以加强组织能量强度。此处的能量，不仅包括文化思想上的能量，也包括在文化边界内、团队之间的关系能量，以及各项流程、制度、落实过程中的行动能量。

共振不同于协调。共振是一种在同频道上的相互加强，而协调则是一种妥协的耦合。在实践中，有些领导者倾向于协调，拆东墙补西墙、沟通调整各方诉求、寻找到折中的方法。这种思路当然也可以推进工作，但我认为更多是在"事"上。如果从能量的角度来观察，协调只会降低能量的损耗，令能量不至于因为冲突而折损过多，但协调很难真正意义上放大能量。

因此，我认为，协调更多是管理者的工作；而作为领导者要关注的是，如何找到某个同频的共振点——团队不可能也不应该在所有方面都同频，并促动放大这个共振点，以帮助加强团队能量。

2.1.4　穿透能量，激发自主效能

人们塑造组织，而组织成型后就变成组织塑造人们了。

文化能量在组织内部穿透得越清晰，组织的协同效应就越好。组织全体员工共享一套共同的意义，以及一整套关于什么是重要的、什么是不重要的标准。当公司上下对于公司将走向何方、怎样才算取得成功、谁是竞争者、需要做出哪些努力才能取得胜利等问题都有共同一致的理解时，时间和精力的浪费就会降到最低，从而产生强大的动力。

这类组织中的员工有着明确的边界，他们在采取行动之前知道行动的界线，并且知道什么时候才向上级请示。此时他们的能动性就会得到充分的发挥，而不必非得在领导者的监督和指导下才能进行决策和解决问题。于是，被所有领导者追求的授权适当、目标明确的高效工作环境出现了。从本质上说，这种能量的穿透使一家公司更有效地进行授权，并赋予其员工真正的自信心。

一个做到了极致清晰化的组织，所做的每件事情都会有同一种"味道"。我们公司的同事总被说成"希尔味"，旁人一听就能意识到这个人的行事风格、思维模式、语言范式等都会是"希尔那样的"，很清楚地知道这个人可能对于专业成果有执着的追求、全力助力客户改变而又不直接上手帮客户工作，知道这个人坚持正直的商业行动、干净清高，也知道这个人追求成长、有长期主义，还知道这个人不同意走捷径、走弯路，不同意急功近利赚快钱等。

从定义中就可以看到，要实现文化能量的穿透，不仅需要清晰的文化定义，同时也需要将文化传播到组织的每个角落，并确保所有员工都有着一致的理解。以往的文化工作经常会异化为"装饰"工作，甚至被归于公司的行政部门，用一些空泛而高大上的词语，装饰公司的大堂和办公区域。我们现在知道，文化能量并不仅仅停留于表面，能量的穿透是实现能量共振的前提因素。

2.1.5 做好变革准备了吗?

埃德加·沙因认为，文化既是阻碍变革的摩擦力，又是使组织对领导力和变革周期逐渐产生反应的促进剂。

要推动组织变革，忽略文化是不可能的。群体动力学的研究表明，人们所属的团队及所认同的团队，具有非常大的影响力。这些团队不仅为人们提供了某种特有的归属感，而且向人们施加了巨大压力，要求人们遵守从团队文化中发展出来的规范。尤其是中年组织或者老牌组织，文化已经固化为一层厚厚的保护壳，严格定义并限制着组织可接受的互动方式，让新的探索举步维艰。

更麻烦的是，组织文化既来源于领导群体，又塑造着他们。在这样的组织中，领导者已经在不知不觉中与文化融为一体，任何希望改变文化的尝试，都将被视为对领导者的挑战。

因此，只有当领导者亲身意识到企业需要变革，同时自己也做好改变的准备，具备了改变的能量时，他才有可能跳脱出原有文化的框架，领导团队打破原有范式，推动一场有效的变革。此时，文化会促进领导力的发展，通过对众多冲突问题的重新审视，领导者将会收获到不同的视角，并在冲突中澄清一些"执念"，这种向内寻求、打破桎梏的方式，可以更加深刻地帮助领导者在实践中得到提升。

意识、准备、能量，3个关键点缺一不可。缺少变革的意识无须赘述，实践中更多的是领导者希望变革，但自己没有做好变革的准备，他内心深处希望的是别人改变、自己不变。哪有这种好事呢！也有的领导者知道要变，也认同要变，但是出于种种原因，尚不具备变革的能量，往往在攻坚克难时，或者小有胜利时，就容易回归习惯的舒适区内，令变革功亏一篑。作为希尔咨询的教练，我们助力的是后两种领导者，我们可以帮助领导者认识到自己改变的重要性，也能够帮助领导者找到自己变革的能量来源，助力他们推动变革，直到见实效。

2.2 穿透落地：从看热闹到抓关键

2.2.1 常见文化建设的两个误区

做好文化建设，看似是个能说擅写的工作，要求对组织文化加以总结、升华，充分体现出组织的格局。于是，文化建设工作落到了办公室、宣传部门、党群部门等部门的头上，或者聘请外部文化传媒公司，为组织包装出精致的"文化"和配套的宣传材料。

这是常见的组织文化建设的开展方式，但经常会导致一种结果，就是文化与工作脱节。团队几乎很难搞明白组织文化的含义，只是在要求之下进行了"背诵"，用来为工作报告"穿衣戴帽"。原因是走入了文化建设的两个误区。

第一个误区：提炼堆砌关键词句

领导者对组织必然有所期许，他们眼中有关理想的组织的概念，可能包括对组织未来的理解，也可能包括组织的行为准则，或者是领导者经常用于自我激励的金句等。但是领导的故事无法长篇大论地展开，于是文化建设部门就尝试着将领导的意图用一些关键词句来描述。我们就会看到有些组织文化是这么写的：

- 责任、安全、奋斗、创新
- 品质、价值、诚信、激情
- 正直、勇气、协同、勤奋

也有些是领导者对组织的"期许"：

- 比你更聪明的人，比你更努力
- 砥砺奋进，笃行致远
- 挂图作战，倒排工期
- 风雨兼程，不忘初心
- 多方参与，营造合力，各就其位，各得其所这些词语或者句子都是充满能量的，相信也都是组织内经常提起的关键词句，然后负责文化工作小组就将其制作成物料，挂在单位的文化墙上，工作就此顺利完成。

但是，这些关键词句就这么高挂大堂的话，员工很难看懂其中的含义，更不了解其来龙去脉，哪怕竭尽全力去理解，也无法在内心与其形成连接，更别说以此来指导工作。那就只能死记硬背，先有成果再倒推文化了。

第二个误区：追求品牌化包装

这种做法常见于文化传媒公司的项目。有部分领导者会认为，文化工作就是要深入人心，重点在于有亮点、好记忆，要求朗朗上口、韵味十足。

于是，"文化"工作开始异化成"品牌"工作。文化建设的负责人挖空心思对关键词进行提炼、包装，令其显得文采斐然、形象独特。从传播的角度看，这种做法自然不错。只是这种做法忽略了文化的根本：属于组织共同的愿景、使命和价值观，三者互相关联、互相促进。如果执着于文化包装，反而容易过于抽象，导致读者只记其形、不记其神。

曾经有个地方盛产竹子，于是该地某组织为了配合县政府的文旅活动，将公司文化与竹子相结合，提出"竹品牌"，包括以下内容。

- "竹根固本"：重点讲的是党建工作。
- "竹干塑形"：重点讲组织学习。
- "竹叶争先"：重点表彰优秀员工。
- "竹林成景"：重点讲团结与工会建设。

我调研采访过该组织不同层级的员工，有些人认为这是把现有的工作取了个新名字，既没有对工作起到指导作用，他们也不太理解为什么要费尽心思"多戴一顶帽子"。

在我看来，这样的文化建设工作实属舍本求末，没有把精力放在追溯文化、澄清文化、共识文化等核心工作上，反而做了一些华丽的新装，令原本就模糊的文化多了一层迷人眼的装饰，起了反作用。

2.2.2　贯通文化的 3 层结构

透过华丽的外表和令人艳羡的辞藻，看到组织文化的内涵本质，才能找到做实文化的关键所在。

埃德加·沙因认为，文化由表及里可以分为 3 层结构。

（1）人工饰物：可见或可触及的结构和过程；可观察到的行为。

（2）信念和价值观：理想、目标、价值观、抱负，意识形态，理论解释。

（3）基本假设：无意识的、被认为理所当然的信仰和价值观。

在人工饰物层面，感官上是非常清晰的，甚至能直接影响人的情感。但仅从这些事物是无法真正理解为什么该组织的成员会以这些方式行事，也无法看懂为何每个组织会形成特定的结构。

要深入了解，就必须向下贯穿到信念和价值观层面，甚至是基本假设层面，从这些认知的视角，解释我们所观察、总结出来的那些词语。因为这些假设经过时间的沉淀，来自组织的共同学习。最初，只有创始人和领导者持有此类假设，而后创始人和领导者带领组织的新成员，以此价值观和基本假设作为组织内核，经历各种起伏、挑战并最终取得成功，扩大版的组织团队会逐渐接受这些价值观念，内化、分享，并通过人工饰物显现出来。

虽然人工饰物是最容易被观察体会到的，但这也是目前导致文化工作进入误区的主要因素。不管是品牌化包装，还是列举出关键词句，主要的着力点在于"可观察"，将虚无缥缈的文化具象化。不可否认这些动作存在其必要性，但如果没有往下深入，就可能流于形式，甚至变成自上而下的、出于某些领导意志的运动，不容易被团队理解共识，更别说应用于工作实践。

因此，凝聚文化引领的能量，关键在于贯穿文化的 3 个层次，从深处寻找"改变"的动力。只有这样，才有可能引领团队重新审视市场环境和组织环境的变化，正视组织文化与环境的不相容之处，进而由里及表地对文化进行重新梳理、反思，通过文化建设工作影响组织团队，并推动组织产生变革。

2.2.3 向内看，找到属于自己的文化

探索组织文化必须向内看，实现贯穿才能调动文化的能量。究竟应该怎么做呢？

虽然文化的底座是基本假设，但这几乎是约定俗成且难以考究的历史，很多时候大家只知道应该怎么做，至于为什么则已经年久失忆。因此，在实践中，我更倾向于从信念和价值观开始挖掘。因为这些与在职的所有同事均有关系，也正在不着痕迹地影响着当前的工作开展。

第一，挖掘核心价值观和理想价值观。

帕特里克·兰西奥尼在《优势：组织健康胜于一切》一书中，将价值观划分为 4 类：核心价值观、理想价值观、基本价值观和意外价值观，特别需要深入挖掘的是核心价值观和理想价值观。

核心价值观是本组织固有的行为特征，一般不要超过 3 个。核心价值观从组织刚成立的时候就已经存在，是组织要最坚持的部分。团队在共识价值观时，一定要摒弃"求全"的想法，不一定把所有关键词都列上，更重要的是精选出最符合的 3 个价值观作为核心价值观。

核心价值观很容易观察，因为有正反两面特征：一方面，组织一定会因为员工违反这些价值观而毫不犹豫地给予惩罚，无论该员工有多大的功劳；另一方面，组织会允许员工为了坚持这些价值观，做出一些未经允许，甚至略有越界的事。核心价值观存在于组织深层，所有人都要思考，当这几个价值观被抹去，组织不再是自己心中的组织时，它就会被发现了。核心价值观不一定需要很正式，如"幽默感""和谐生活"等也是可以成为核心价值观的。

理想价值观则面向未来，是一个组织想拥有、希望自己拥有、坚定地认为组织未来必须拥有的特征。这些价值观很可能还没在组织中出现，或者仅在组织中略有苗头，所以理想价值观无法从现状中提取。它一旦被共识，就

其中，环境、行为和能力被称为下三层，而信念/价值观、身份和愿景/精神被称为上三层。下三层的表现受到上三层的影响，信念/价值观就是上三层中对下三层最为直接的影响因素。

因此，向内挖掘组织价值观的时候，有一个必要的环节，就是向下延展到具体的能力要求、行为表现和环境需求。实践中，价值观属于"务虚"的层面，很容易陷入"大而空"的境地，只有延展到"务实"的层面，才能检验出是否真正是组织正在遵从或者希望发展的价值观。

例如，希尔咨询自从创立以来，就毫不动摇地坚持"长期陪伴"，绝对不因为短期收益而损害客户利益。

- 能力：为了坚持这个价值观，我们认为最需要发展的能力是专业能力和服务能力，二者是赢得市场竞争的核心竞争力。
- 行为：希尔咨询在内部导入了极强的"学习、成长"文化，要求每位负责交付的同事年阅读专业图书数超过 40 本、每个月都开展专项的专业学习、每周的周报内必须有对一个管理模型的学习心得。
- 环境：我们主动选择愿意真正付出努力、筑牢基础、不过于急功近利的客户，期望能够同客户一起，推动组织发生实质上的变革，通过变革实现社会效益和经济效益。

我认为，只有认定的价值观在上下层都得到贯通，这些价值观才有可能在现实中付诸实践，否则只会沦为一纸空谈。

第三，要在探索中形成共识。

随着社会的发展和员工自主意识的觉醒，每个人的潜能都在被不断激发，以往所熟知的自上而下统一思想的方式越来越难以执行。员工们有自己的想法，也更愿意根据自己的想法来发挥能动性。文化管理过程中，会听到无数个声音，有些声音大不同，有些声音很相似。但不管差异有多大，当有一个平台，能够让参与者讲出自己的想法，与其他志同道合的伙伴们共同碰撞时，所得到的结论会更生动，更有记忆感，也更能给予自己能量。

与此同时，取得共识十分重要。每个人心中都有自己坚持的想法，如果这些想法没有融入组织中，就必然在组织中引发分裂。

因此，领导者只要一开启文化建设工作，就必须做好取得共识的思想准备，并为此留出较长的时间，才有可能凝聚思想，实现上下同欲。很常见的做法是领导班子带着几个文化小组成员，将领导者的文化整理成几个关键词后向下宣贯，然后就希望团队自然而然地理解领导者的心中所想，做出符合领导者预期的决策。文化深藏内心，不易为人所觉察，更容易遮盖在言语行为之下，在被充分发现之时，往往为时已晚。**故，如果没有做好文化共识，那还不如没有文化！**

曾经有一家知名的互联网公司，随着公司快速发展，创始团队开始将组织文化建设提上日程。他们专门成立了文化传播小组，对每个核心领导班子成员都做了详细的访谈，花了 3 天开闭门会议，不可谓不重视。最终提出了公司的价值关键词：价值、奋斗，并以此向全公司宣贯，希望让干部形成自驱的思维，能够自己做价值判断、自我决策，而不是依赖领导来拍板。

理想是美好的，但落地过程仍有挑战。因为团队成员们对"价值、奋斗"的理解，好像并不太相同。

例如，公司内开始出现"嫌贫爱富"的现象。原本的互联网团队是充满激情的，有事一起上，有活一起干。但是在"价值"的指导下，团队开始琢磨什么是更有价值的工作。任何一个项目，自然都如同微笑曲线一般，有着主要创造价值的部分和配套协同的部分，员工纷纷追求高价值部分的工作，而支持型的工作被划入低价值区间，人们避之不及。甚至在亚文化圈子内，已经出现了"价值鄙视"：某某岗位就是没价值。

然后，高价值部分的工作出现资源过度投入、团队内卷争斗，支持型工作则被甩给抢不到高价值部分工作的员工，他们不情不愿，流失率剧增，项目保障也纷纷亮起红灯。

对于"奋斗"的理解也令人意外。领导者特别喜欢提及落后地区发展的故事，多次在各种场合表彰落后地区的经营团队在物质条件和自然条件都很艰苦的情况下，顺利完成生产任务。同时，领导者顺口还会批评现有公司的风气，指责因为现在公司业务发展好、福利好，大家就吃不得苦，出门要打车、吃饭餐标高等现象。

于是，意外发生了，贡献了公司 76% 收入和 81% 利润的、负责一二线城市的经营团队出现了不一样的声音。原来他们一直以为给公司创造了很高的价值，自己也很辛苦地忍受早晚高峰的拥堵、接待客户到凌晨、为了满足客户高标准而通宵改方案，但这些领导者都看不到，都不算所谓的"奋斗"。士气一落千丈，原本追求的意义突然间被忽略，那就拿多少钱做多少事吧……

2.2.4 每个声音都该被听见

文化虽然起始于创始人或领导班子，但总归是着眼于核心团队乃至全体员工的。

如何令团队能够真正发自内心地认可、共识组织文化，让大家共同参与文化产生、解释的过程，让每个人的想法都被看见、每个人的声音都被听见，并在此基础上形成共同决议，这样参与者会认为这是属于自己的一份成果，自然也会更加愿意遵从，更知道该从哪个角度遵从。

希尔咨询的文化管理实践中有一个必选动作：文化共识营，就是为此所设计的。

在文化共识营上，由专业管理教练进行引导，所有人会以自由辩论、世界咖啡、分组 PK 等各种方式，在两天内充分讨论。文化共识营由希尔咨询原创，探讨如何调动公司的核心团队，共创出将组织文化融入工作中的具体方法。

文化共识营的参与者一般在 30 人以内，包括一把手、领导班子、各部门经理、各业务骨干等人员。这在人员选择上就初步实现了文化理解的上下贯穿，有利于在未来工作实践中，文化共识营的参与者能够成为"文化枢纽"。

教练会将参与者分成 3 组，每一组都需要充分考虑组员的层级、专业、性别、性格、年龄等要素，尽量做到充分均衡。

在分组后，教练就会开始引导或者促动每个小组根据组员自己的理解，提炼出当前所认为的组织的文化，包括愿景、使命、价值观等。需要说明的是，提炼的是自己所认为的最符合当前、最应该坚持的文化内容，而并非照搬贴在墙上的那些文化口号。

文化建设是一个耗时耗力的大项目，没有哪个组织会轻易启动。之所以会有文化建设的项目，必然是因为当前的组织文化与内外部环境出现不匹配，存在某些问题，需要进行文化的变革才能解决。所以，执着于原有文化是无法带来新变化的，应该更坚定地围绕现实环境展开讨论，才能帮助组织实现蜕变。

每个小组都需要充分表达，教练要十分清晰地告诉组员，这是唯一发声的机会，在文化共识营之后文化就将敲定。同时，教练作为主持人，也需要严谨地管控表达纪律。在表达时，所有人"不打击、不否定、只记录"，而且一把手所在的小组必须最后发言，最好该组的发言人也不是一把手。

在各组充分表达后，允许自由交流，大家相互倾听后会有新的启发，也会有彼此的认同。最终，在经过充分讨论后，现场必须有一个得到大多数人认可的文化版本，一把手或者领导班子必须当场拍板确定，否则会议不停。这是为了避免在之后对比结果做了微调，现场的团队可能有异议的情况。

在讨论的顺序上，一般是从使命开始，花半天时间讨论清楚，我们这一群人到底想做什么？到底想成就怎样的事业？到底想为社会创造怎样的价值？想在未来给自己一个怎样的交代？教练会展示前期访谈调研的信息，也会现场提供一些专业的支持，帮助大家整理清楚思绪。

95%以上的共识过程是充满碰撞的。每个人都会审视自己的内心，和投在大屏幕上的那几句话是否取得一致、是否有所交集、是否违背自己的初衷。在这个世间，哪怕是平时最漫不经心的人，也会屏息凝神向自己发问，对心中的困惑也会直言不讳。毕竟，这决定了接下来自己的工作是否与组织倡导的一致。

作为教练，我非常乐见这种碰撞，当存在模糊地带时，我还会有意引导碰撞。所谓真理越辩越明，企业文化作为全司的最高指导方针，规范着企业的方向和行为边界，必须非常清晰明了，必须上下有着一致的理解，才能在最大程度上消除误解、减少内耗。

还记得，当时讨论希尔咨询愿景的时候，最后只留下"大型企业组织发展的第一选择"一句话，但是到底是"大型组织"还是"大型企业""大型国企""大型央企"？到底是"第一选择"还是"最佳选择"？为了这几个字我们讨论了超过 3 个小时，期间还在户外的大风中相互拍桌子，但当不断澄清内心的想法，最终取得共识时，这些激烈争论反而给我们带来了更多的能量。

这种能量是一种坚定感，当方向更加笃定时，我们身上的能量也在不断生发，在场所有人都能感受到向上的热情。

强烈建议每位读者，不管您的企业文化是否足够清晰，只要超过一年没有做过文化共识，都可以组织一次深度研讨，会有意想不到的收获。

2.2.5　想明白还得讲清楚

在共识的基础上，让我们继续往下走。共识是为了凝聚出最适合本企业的文化，下一步就得解决"文化太虚"、文化传播时难以理解的多年难题。文化不能都是阳春白雪，文化更需要接地气，才能让大家在工作中连接到文化的能量。

我认为，好的文化落地有个简单的标准，就是让所有人都可以用更加具体的方式来交流，可以针对具体的问题、具体的风险，用具体的行为准则（甚至是实例）来评估该怎么做，该如何衡量。

对此，我们在实践中采用了"三要三不要"＋"故事分析会"的组合拳，效果还不错。

"三要三不要"也是希尔咨询原创的方式，名字相当接地气，就是希望在执行时摆脱花里胡哨的包装，直接穿透到行动。我们通过这种简单、可落地的文化输出方式，进一步提炼文化落地的关键要素。

"三要三不要"的具体做法是：将文化中的各个关键词，结合工作实际场景，总结出最关键的 3 个要点，并配套行为准则。

因为抽象思维虽是人类特有的品质，同时也是造成沟通误差的主要因素之一。人们难以对抽象词语达成统一的认知，但很容易对具象化的场景有一致的理解。选择合适的工作场景，用于文化关键词的具象化解读，就容易调动员工的"快思考"模式，迅速将文化与工作实践相连接，用文化指导具体工作，也更便于理解、记忆和传播文化。

有个客户，其公司愿景是致力于成为全省最优秀的地市公司，并提出了 3 个价值观：客户至上、团结协作、唯旗必夺。

这 3 个词比较常见，当然也很虚。因此，在文化辅导营中，学员们结合当前——请注意，这个时间点很重要——文化中待提升的地方，按照"三要三不要"的规则，分别找出了对应的 3 个当前最需要改变的瓶颈点，形成了"九要九不要"。

以"客户至上"为例，学员们经过认真讨论，将其扩充解读。

客户至上：

- 要走近客户，倾听心声，不要脱离客户唯 KPI；
- 要主动服务，发现问题、解决问题，不要让客户问题掉在地上；
- 要信守承诺，保障客户利益，不要欺瞒客户，损害客户利益。

在该公司以往的实践中，经常出现为了完成 KPI 而损害客户利益的行为，如忽悠客户新开户、办高额套餐，只重销售不重维护，为了满意度评分随口答应客户等。

当有了这明确的"三要三不要"后，就能够对"客户至上"进行清晰的解读，也为团队的行为提供了参考。更重要的是，通过这样的解读，团队能够直接体会到"客户至上"背后的初衷和内涵，哪怕出现不在这规范之内的行为，团队也能举一反三，做出妥帖的应对。

进一步的影响是，团队逐渐不再担心犯错，也没有那么多汇报和监管，团队的主观能动性很快就被调动起来了。

需要重点说明的是，"三要三不要"重视行动导向，拆分出来的 3 个要点，应该是该主题词的具体行动。例如，走近客户是一类行动，主动服务又是另一类行动，对应的落地部门可以对其进行进一步的"三要三不要"拆解，直到执行部门有很清晰直接的行动要求。

以走进家庭客户（代维触点服务）的执行过程为例，其"三要三不要"描述如下。

三要：

一要 2 个小时内首响，预约上门时间；

二要随销多提问（从客户痛点入手）；

三要线路整洁，随身带走垃圾。

三不要：

一不要失约，不要乱收费，不要只装不教；

二不要辩解、反驳客户（特别是客户有负面情绪时）；

三不要线路凌乱、遗留垃圾。

切忌语义重复，用一个带有评价性的空泛词语来解释现有词语。例如，"客户至上"，就不能用"尊重客户""客户第一""关注客户""客户意识"等词语来拆解，那样仍旧会让人摸不着头脑。

另一个策略是"故事分析会"。文化来源于故事，每一个文化关键词的背后，都有创始人的记忆、组织关键事件的记忆，或是创始人的价值追求，或是组织在面对某些事情时的成功判断，这些故事逐渐沉淀下来，成为组织内全员都认同、愿意遵循的价值主张。

因此，要让文化持续焕发生机，最好的办法就是"从故事中来，到故事中去"。讲好文化背后的故事，讲好企业历史的故事，通过不同的场合、以不同的方式反复讲。很多客户觉得，老掉牙的事为什么要重复讲？其实有句话说得好，"重要的事情说 3 遍"，文化作为组织内真正的"经典""金句"，本身就值得反复琢磨、咀嚼，也需要通过不同的方式重复讲，用文化的视角对不同的场景做出对应的解读。

讲好老故事的同时，还要迭代新故事。身边的故事能给团队带来真实的体验感，通过故事的穿越，墙上的文字突然就跳了下来，跑进团队的脑袋中跳起了舞。文字中包含的情绪有了共鸣，组织边界才有了形象生动的注解。

当然，很多客户也会说，我们的党群部门或者人力资源部门，也经常征集好人好事、评选优秀个人，为什么效果就略显一般？我看了很多客户的文化月报，效果不佳的原因无外乎 3 个。

（1）敷衍——征集了普适性极强的好人事迹，如努力工作、拼命加班、勇敢牺牲等，这在哪家公司都会看到，团队体会不到属于本公司的文化印记。

（2）肤浅——故事停留于表面，未能深度挖掘故事背后的理念、动机、情绪，没有做好文化解读，读者只能按照自己的理解来阅读，往往对此嗤之以鼻，批判其为洗脑工具。

（3）特殊——故事过于强调特殊性，强调英雄主义。文化应该是所有人的文化，为整个团队所共有，而对某些个例进行传播，反而显得包装过度。之前有个客户，对其一线员工在抢修中爬雪山的事迹进行了广泛报道，重点描述了爬雪山的艰难，忽略了深入挖掘背后的思想，结果反而起了负向激励效果：因为只有特定区县有接触雪山的机会，这让其他同样辛苦抢修的员工大感不忿。

2.3　"软"文化要"硬"落地

谈到此时，相信读者已经把组织内部的文化梳理得较为清晰，具备可落地的标准了。接下来，让我们看看一些有效的落地实践。

2.3.1　落地传播

传播自然是文化落地的首要工作。让形成共识的文化尽可能多地出现在员工的视野内。

传播的第一要务是把声音传出去。把核心团队共识的文化进一步传播到组织的每个角落。

我认为，越抽象的内容越需要不断强调，视觉记忆是非常重要的抓手。越符合文化的内容越需要反复出现，通过各种方式把关键词植入团队脑中，直到全员朗朗上口，可以在工作中主动形成关联。

行动建议如下：

①专门在主要通道设立一整面的文化墙，将愿景、使命、价值观全部上墙，重点突出"三要三不要"的内容等。②同时要求全员背诵、理解每个词语背后的考量和对应的故事，领导班子亲自抽查。

2.3.2 挖掘故事

抽象概念总归是冰冷的，再怎么宣传都会存在距离感。为了进一步将文化植入员工内心，还需要鲜活的故事。

故事是用来解释抽象概念的最佳手段。如图 2-1 所示，通过发现员工先进事迹、挖掘文化关联实践成果，以内刊、评选、沙龙等形式，把故事送到员工面前，帮助员工理解什么是文化所倡导的。

践行企业文化案例——守正创新

尽其责，解其密，育其能，强化支撑

在政企部医卫行业重要成员周××和行业经理陈××的组织下，针对医卫行业梳理了政策解读、客情构建、方案报价、部门协调、生态能力和创新跨界等支撑流程，明确各流程阶段的关键负责人及关键工作职责，进一步提高商机全流程支撑效率。

担当有为，守正创新，技术融合，促项目签约

"百地深耕"期间，××公司积极走访摸排到××连锁药业有限公司原医保网使用LT，互联网使用DX，存在出现故障后无法确定线路的问题。州政企接到××公司反馈的商机需求后，迅速组织云网室×××/行业室×××针对性制定了创新技术方案，利用SD-WAN（软件定义广域网）两网融合新技术及内外网隔离优势进行方案攻坚；××公司全力开展客情攻坚，最终通过努力，成功签约××连锁药业有限公司SD-WAN两网融合项目，签约金额合计37万元。

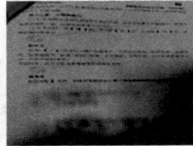

图2-1 某公司文化践行实例

行动建议如下。

（1）安排专人负责：组织、收集、整理故事是烦琐的工作，要令故事鲜活深刻，需要组织者有较高的专业传播能力。组织中不仅需要过往的文化故事，更需要与当下相关联、发生在身边的故事。务必要安排专人负责，做好专业把关、及时推动工作开展。

（2）编撰组织内刊：组织内刊作为组织正式的内容载体，很有必要。组织中不仅存在符合文化的故事，也会存在许多"亚文化"的故事，甚至会有一些模糊、扭曲的故事。如果缺少一个正式的载体，不同种类的故事就会相互交织，混淆组织成员的认知。

（3）强调故事的及时性，把发现故事交给全员：总是发生在身边的、新鲜的故事最触动人心。要做到这一点，就需要尽量缩短发现故事的时间及决策时间，让所有伙伴都参与到发现故事的行动中，并运用好数字化的工具，第一时间将故事呈现出来（希尔咨询内部运用了"加水系统"小工具，将会在后面章节展开介绍）。

2.3.3　正向反馈

坚持文化的行为是需要得到激励的，若组织为此设置正式的仪式，则能更加凸显组织对文化落地的重视。同时，仪式感可以加强人们的记忆，唤醒平常不轻易调动的情感，激发员工激情，画龙点睛。

行动建议如下。

（1）正式的嘉奖：通过举行荣誉表彰典礼、实行嘉奖令机制、设置红花积分系统、设立先进事迹墙等，激发员工奋斗精神和干事创业激情。

（2）灵动的故事分享：有别于正式嘉奖，通过组织故事分享会、沙龙夜谈等形式，请优秀的文化大使来分享亲历的故事，更能引发员工内心共鸣，对于分享者而言也是莫大的激励。

2.3.4　融入一切

文化既然作为背景能量来源、组织的宗旨之魂，就应当与组织的一切工作都有所关联。文化落地需要融入组织的各个模块，而不是将文化切割成独立的模块。

行动建议如下。

（1）融入战略：文化天然地与业务相关，愿景、使命都是直接指导战略制定的描述，不应该出现冲突或者割裂。

（2）融入执行：不管是营销还是品牌，是销售还是服务，是生产还是品控，都需要在愿景、使命的引领下，以符合价值观的方式开展工作，具体的融入方式就是逐级制定具体细致的"三要三不要"，直至形成可直接衡量、具体行动的行为准则。

（3）融入用人：健康的组织用人时不仅需要考察其业务能力，也需要考察人员的文化认同感。强烈建议将文化融入用人的全流程，从招聘到培养、晋升，甚至到辞退，都应该与文化有关，且文化应当作为否决项，才能引起足够的重视。

（4）融入内部：公司内部各项职能、活动，都必须考虑文化的元素。例如，在周年庆、员工纪念日、年会等大型活动上，都可以增加文化讨论的环节，时刻提醒大家关注文化。

2.3.5　做好提示

杰克·韦尔奇说：管理就是沟通、沟通、再沟通。

引申到文化落地，就是提示、提示、再提示。

要推动改变可不是件容易的事，通知、宣传往往起到的是标杆的作用，告诉大家什么是对的、什么是组织所提倡的，但要从认知延展到行动，仍需要更多的努力。

其中，最有效的方式是一件让人觉得很"土"的方式——"不断提示"（如

图 2-2 所示）。福格博士的研究表明，推动改变有三大关键要素：动机、能力、提示，提示能够在很大程度上唤醒人们付诸行动。许多优秀的领导者认为自己最重要的职责是首席提醒官：不断重复，发自内心，多种传播渠道，口口相传，逐级传达真实而明确的信息。

有 3 种提示的做法可以供读者参考。

（1）静态提示：将文化的主要内容、与自己有关的关键行动都打印出来，贴在自己案头的显眼位置。

（2）领导提示：与其澄清组织自发的谣言，不如由领导者主动走到各个角落传达真正的信息，确保传递的信息与组织的文化高度一致，还能在传播过程中随时交流、澄清，消除误解。

（3）相互提示：文化是组织所有人的文化，而不是领导层自上而下的文化。因此，提示的权力、职责也应该交给全员，相互提示。全员提示时，不需要提示负向的行为，而应该推动全员共同发现符合文化价值观的行为，用正向激励的方式，提高组织清晰度。

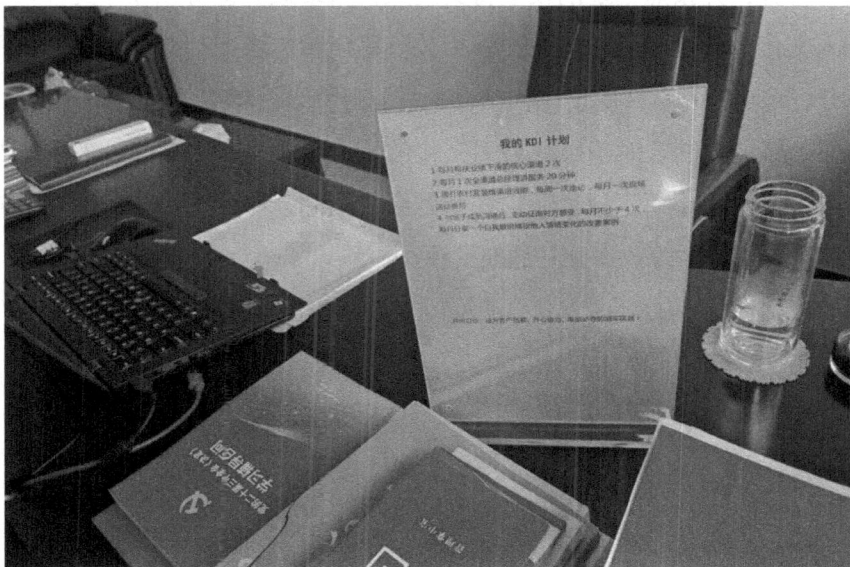

图2-2　做好提示实例

2.3.6　机制保障

机制是所有举措中最"硬"的部分，放在最后来说。我一直认为，机制是用来约束不守纪律的人的，如果能够很好地按照规章制度开展工作，那机制对他而言可有可无。

文化作为较"虚"的内容，标准不易界定，运用机制来维护必不可少，文化推动和监管更需要有章可循。作为公司文化的代表群体、最核心的影响者，文化维护的机制工作必须由领导班子亲自来抓，最好是由一把手亲自监管。如果交给人事或行政部门，往往难以见效。

关于文化机制保障，在此分享 3 个方面的做法，供斟酌使用。

（1）优化机制。把文化所倡导的价值观植入机制设计当中，包括利益分享机制、员工管理办法、业务管理办法等，例如，强调奋斗者为本的，就可以加大对一线的支持和激励。

（2）融入绩效。将文化践行融入日常绩效中，参照"三要三不要"为文化践行打分，并按照一定的权重将其纳入日常绩效。也可以在年终评估时将其加入文化部分，使其与年终奖强相关。每年希尔咨询都会征集利益相关者的打分，与自评和他评的情况相结合，并与晋降级、年终奖强关联。

（3）践行机制。对于破坏公司文化的情况，领导者亲自抓，发现一起处理一起，不以恶小而不抓。哪怕在专题会议期间，参会人员未按要求遵守会议纪律，也可以对绩效扣分并通报批评。

第 3 章
解码目标，规划发展的能量

将变革的愿景落于实践，离不开清晰的解码。如何规划出符合组织文化期望的战略落地路径，确保组织上下都有明确的目标、路径、要求、职责等，规划好组织各项资源的能量，十分考验领导者的智慧。

　　我们在实践中，发现许多组织领导者会为制定战略花费心力，甚至专门请咨询公司制作科学的战略方案；他们也愿意将精力投放到运营执行，对各种流程、机制和执行细节事无巨细地过问，每天是上班最早、下班最晚的人。然而效果事与愿违，战略方案逐渐被束之高阁、越来越脱离现实。执行过程则越来越混乱，一线队伍看不到远景规划，越来越倦怠。

　　其中的重要原因之一，可能是忽略了从战略到执行的中间件——路径解码。于是出现了战略和执行脱节、顶层设计者和一线执行者脱节冲突的情形，并由此导致了一系列的能量涣散。

3.1 解码与引领——穿透"目标"，聚焦组织能量

3.1.1 短期主义，任务导向

当缺乏对顶层主要目标的理解时，短期目标就会取而代之，成为当前的主要目标。于是，长期投入变成当前的成本，影响当期业绩表现。自然地，理性经理人的选择就是放弃长期投入，尽快产出显性成果。

这种选择体现在工作安排中，就是KPI导向、任务导向，经理人为了完成KPI任务绞尽脑汁，而不去思考KPI任务背后的设计思路。

近年盛行的"降本增效"，本意是优化工作流程，削减不必要的开支，提高工作效率。如果认真深入研判，是能够找到不少办法的。但也有个别领导者选择简单粗暴的方式：先一刀切地裁掉运维和支持人员，再砍研发费用，最后削减营销费用。从当期报表看，利润会得到明显的增长，降本增效顺利完成，至于带来的衍生问题并不在其考虑范围内，甚至有些人"养寇自重"，故意利用降本增效制造出一些新问题，以增加自己在组织内的话语权。

3.1.2 解码意义，回顾初心

要让视角从短期指标重新回到长期目标上。结合长期目标的意图来完成短期任务，才会让能量在正轨上流动。当人们理解、认同长期目标，愿意为此付出努力的时候，也是其能量最高的时候。领导者要做的，就是把组织的意图，根据自己的"解码"，转化为员工的主观意愿。

个别领导不愿意讲清楚组织的长期目标或者组织的意义。他们认为，讲战略意图脱离实际业务，显得务虚多务实少，下属部门就是执行单元，不需要了解那么多。为了体现自己的管理效率，他们选择单刀直入，快速布置完任务后就开始执行。而当执行不如意时，又抱怨下属"不知道自己要什么""拿来的不是自己想要的"，其实就是因为跳过了本该重点强调的目标或意义。

我们在实践访谈中，发现许多下属反感的是"假大空"，而希望领导者能够告诉自己更多的信息、更明确的指向，以帮助自己更好地把握工作方向。他们不愿意仅仅为了完成任务而工作，仅仅被当作"人手"来使用。然而，在得到清晰目标指导后，员工的工作迷茫感明显减轻，配合度也更高，任务返工次数大为降低。

这一点在大型企业应该特别明显，很多被称为"形式主义"的工作任务，其实背后是有隐含作用的，长期看都很有价值。例如，对组织战略的梳理与本部门价值的对齐说明，带动本部门所有成员共读共创是一项统一思想、协同步骤、共聚智慧的工作，但因为与具体执行任务并不直接关联，个别领导者代以简单地宣读文件，甚至直接略过不提，告诉下属只管做好自己的工作、不用管太多"不该管"的事。

如何做好意义、目标的解读，同时还能够与具体业务相关联，不至于变成"假大空"呢？

建议可以首选使用营销大师西蒙·斯涅克的"黄金圈"（详情可参考《如何启用黄金圈思维》）。黄金圈是一种思维模式，它把思考和认识问题画成3个圈：最里边的圈层是Why层面，是为什么做一件事，是做事的理念和目标；中间的圈层是How层面，也就是怎么做，是实现使命、理念的途径和方法论；最外面的圈层是What层，即做什么，指的是最后产出的现象或成果。黄金圈思维模型如图3-1所示。

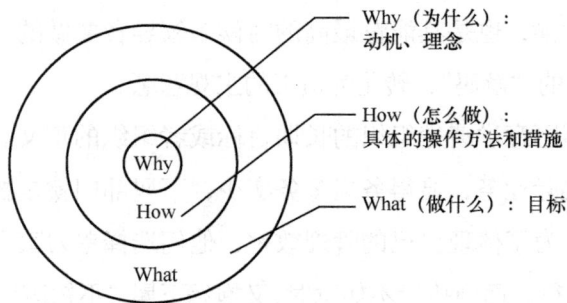

Why（为什么）：
动机、理念

How（怎么做）：
具体的操作方法和措施

What（做什么）：目标

图3-1　黄金圈思维模型

来看看某个运营商的例子。

快速增长的政务行业市场是每个移动公司的重要业绩来源。我们辅导过的一个地市移动公司的前任领导的做法是，要求每个政企行业的 BU 总监，每天都必须泡在客户单位，高度强调拜访量的 KPI，可辛勤的汗水并没有换来市场回报，业绩不见起色，团队士气低落，还出现了为完成 KPI 而特意路过打卡的情况。

L 总上任后，带领公司开始解码公司的愿景和使命：成为该地区最强的数智化服务商，助力该区公共服务数智化提升。经过研讨后，团队对此做出了解码：我们要通过对政府政策的研究，吃透客户的政策意图、探索客户背后的价值需求，从 ICT 产品的销售，变成为政府客户添砖加瓦（Why）。

团队据此加强了对公共服务政策的研究。从原来的"关门背政策、纸上谈兵"的应付式学习，转向主动理解客户政策意图、探索客户背后需求。而销售的方式，也从上门推销产品、打价格战的方式，转为依托对政策的理解，同客户共同探讨如何更好地推动全区数字化工作，应该如何设计服务内容和服务方式，如何规划建设进度（How）。

然后重新设计产品组合，提出新的交付和收费模式（What）。

经过半年的努力，该市政府一把手已经习惯同移动公司探讨对策。按照他的话说："移动来找我，会跟我探讨智算中心应该如何设计，才能成为智慧城市的中枢。我和移动的会议，才是真正有价值的讨论。"于是乎，不管是哪个部门的公共服务智能化项目，该移动公司包揽了全部订单。

团队没变，客户没变，竞品也没变，成果却是颠覆性的。

未经训练的领导者，习惯于直接奔向 What——交代要做什么事，跳过 How——只要结果不管过程，直接忽略 Why。而有经验的领导者，则正好相反，按照 Why—How—What 的方式来沟通安排。

未经训练的领导者：

"这个月的 KPI 是电话量，每人每天必须呼出有效电话 188 通，有效的标准是通话 2 分钟以上。赶紧干吧！拿出点狼性来！"

团队拿起电话就打，为了凑够2分钟，想出了种种话术。到了月底，电话量平均每天103个，团队累得人仰马翻，话都不想说一句。但是业务收入并没有得到明显增长。

使用黄金圈思维的领导者：

"我们的市场掌控不够，影响力不足，不了解市场动态，很难把握市场重点。这个月我们开始重点提升市场掌控，先从覆盖量入手，我们需要覆盖到更大范围的目标客户群。我认为需要将客户群体的覆盖提升38%（Why）。"

"重点做两件事，第一件事是做好数据分析，分析现有存量用户中符合本产品的目标客户，制定出产品话术。第二件事是呼出电话，只要告诉客户我们的新产品，产品内容必须传递到位，如果能够获得客户反馈和提问，额外记录下来。不要求在电话中促单（How）。"

"根据数据情况，我要求每个人每天的有效电话数为188通，如果有获得客户提问和反馈的情况，可以对应扣减电话数（What）。"

"动起来吧！"

后者的团队更清楚地知道自己工作的目标和价值，也会在工作执行中有所侧重。最终顺利完成市场覆盖和产品传播的任务，为下个月的业绩突破打下了坚实基础。

3.1.3　目标就是指标吗

很多领导者认为，对战略、目标的解码，就是做好指标分解。这其实是错误的。这种解码方式无法提升团队能量,相反还可能会引发团队的对立冲突。那应该如何解码呢？

首先，我们得区分"目标"和"指标"。

在一些大型企业，KPI风气盛行，不管大事小事，领导们最常想到的就是考核，给对方下个指标。我们辅导的一线区县子公司，最高峰曾经接到过 200 多个指标，所有人员疲于奔命，为了满足一个个的指标绞尽脑汁。处于这种境况下的人，如果没有特意将视线从 KPI 上暂时挪开，很自然地会受到 KPI 的牵引，把 KPI 当成工作目标。

我要说明的是，毫无疑问，KPI 很重要，但 KPI 只是实现目标过程中的关键指标，正如上文中提到的任务一样，领导者需要帮助下属解码 KPI，理解 KPI 对应的战略目标，才是治本的正道。

某位高级经理在团队建设方面的指标是培养出 3 位中级经理，而他团队内都是只有 1 年工作经验的新人，在短期内把他们培养成中级经理是个严峻的挑战，必然需要高级经理花费相当多的时间精力，对于公司来说并不是一个性价比高的安排。

高级经理并不是直接开始人员培养，而是先思考指标背后所对应的战略目标。以他的理解，目标是要壮大公司的人才队伍，人才队伍中又特指中级的腰部人才群体，因为公司在执行管理方面的力量不足，需要特别加强。

理解这个目标后（当然需要和领导确认），高级经理主动同领导讨论，是否可以设置其他更有效的指标，如吸引 2 位、转岗 1 位，充分发挥高级经理在同行人脉上的优势，兼顾新任中级经理的多面性，同时还能规避新人经验不足的问题。

效果也是多赢的。公司获得了更多的人才，高级经理也兼顾了自己的时间安排，新人也有了足够的成长空间。

其次，目标该如何设定？

如何设定目标呢？是往高了定，还是适中即可？这个问题非常经典，迄今为止，我辅导过的所有组织都问过这个问题，无一例外。

李世民在《帝范》中写道："取法于上，仅得为中；取法于中，故为其下。"朝着高目标前进，会得到中等偏上的结果；朝着中等目标前进，只能得到下等的结果。

我坚定地认为，必须定一个高目标，让团队跳起来够得着的目标，千万不能定出轻松完成的目标。

一个好的目标，既要上接战略，又要下接绩效。上接战略指的是与组织的文化高度相关，紧密保持在组织战略发展轨道上，是组织战略发展的关键里程碑。这样的目标才会激发团队的使命感，令人感觉自己为组织发展做出巨大的贡献。下接绩效则必须与当前的指标相关，目标可落于指标的120%～150%。如果目标定低了，团队觉得没有挑战性，也会丧失工作热情——这一点在某些大企业中应该相当常见，每天工作 2 小时即可完成全天任务，人会变得很懈怠。当然，如果目标定得过高，团队无论如何努力都实现不了，也会觉得很沮丧，怀疑自己的能力水平，同样会限制潜力发挥。

关键点，目标是不考核的！

之所以可以定"高目标"，背后的关键逻辑就在于"不考核"！

有些领导也认同定个高目标，但他们的做法是，将上级下达的指标，上浮 20％后往下分解，以确保实现上级的目标。然后，就陷入了"讨价还价"的陷阱中。领导者希望定高一点的目标，增长多多益善，下属则希望制定轻松的目标，压力小、易实现。每年在制定 KPI 时，这种场景不断上演。玩了几次套路后，下属也大概知道领导的心理预期是多少，双方就在你来我往中达成了默契。

这已经偏离了初心。

制定高目标的初心，是激励团队、鼓舞团队朝着更优秀的方向、挑战更高的成就，而不是把它作为保障任务完成的小手段。前者的眼光向上看，后者的眼光向下看，形似而神不似。只有将团队的眼光从完成目标的干扰上移开，投入如何让自己变得更好的想法上，高目标才可能具备引领的作用。

我们自小有过这种经历，自己给自己定个目标，我要跳上几级台阶、俄罗斯方块我要得多少分、跳舞我要连续转多少圈，这都是自己觉得有点难度，但想要去挑战的。挑战的过程虽然很累，但充满干劲，挑战成功后可能没有任何奖励，但那种成就感却会让自己开心一整天，期待着下一次的挑战——这就是目标的作用，引领方向、激发内驱。

而如果变成考核，那就是另一个故事了：妈妈严格要求要考到多少分，考不到就会被骂；老师要求做多少俯卧撑，做不到就会被嘲笑；我必须在什么时间内交作业，不然就会有惩罚等，这种过程充满了压力，压得人喘不过气来，只想要逃离，当到了交了成果的 Deadline（最后期限），往往是长舒一口气，告诉自己坚持多不容易，要赶紧忘掉此事去放松放松——这就是指标给人的压力，来自外部。

目标和指标，二者都很重要，但不可相互混淆。我认为，指标适用于保底，给出及格线，一般是管理者的工具；而作为领导者，必须眼望长远，帮团队造好灯塔，提出明确的目标用于挑战，持续激励并释放团队的潜力。

3.1.4　手段与目标

解码目标，实现目标的上下穿透，还需要搞明白"目标"和"手段"。

总有领导在抱怨下属搞不清楚目标，一头扎在执行上，交出来的东西只完成了指标，却对领导想要实现的目标没有一点帮助。

例如，让拜访客户就去拜访客户，拜访量达到了，却没有收集回任何消息，只是过去找客户打了个招呼。下属也很生气，你给我的指标，就是客户拜访量，指标都达到了你还批评我。拜访客户量就是我的目标，有什么问题吗？

在领导眼里，他的目标是要提升客情黏性、拿到更多有价值的商机、拿下更多的订单，拜访客户只是达成目标的"手段"之一。下属却把手段当成了目标，这不是本末倒置、抓不清重点吗？

可有时候真怪不得下属。手段和目标仅是相对的概念，领导者眼中的手段往往就是下属眼中的目标——如果领导者没有将自己的目标意图传达到位的话。

如果领导需要下属有目标意识，就需要将自己的目标和下属讲清楚，让下属真正理解自己的目标和领导的目标、手段之间的关联，从而更好地把握执行中的重点。我们不可能指望哪位领导把所有的执行细节都考虑到位、规范清楚，而是希望领导将自己的意图表达清晰，与下属取得共识，然后让下属在执行时可以灵活处理，实现共同的目标。

还有另一种极端，个别领导只强调自己的目标，不和下属商讨路径和手段，美其名曰"我只要结果"。这种做法看似潇洒授权，实则会导致下属摸不着头脑，不知道该如何动手。在辅导中，下属常说："领导说得都对，都有道理，但是我不知道怎么做。"也常对我说："叶老师，您这么一说，我终于明白我们领导的意思了，原来他是这个意思，我得这么做啊！您真是最了解我们领导的老师！"

这也是领导和下属中较为常见的磨合情景。领导要讲到什么程度，下属要理解到什么高度，关键就在于对彼此目标和手段的理解上。通过一段时间的适应，慢慢地相互之间会形成默契，效率就会提高起来。

3.1.5 难而正确的事

现实的反应是直接而强烈的，对顶层设计的解码不够清晰，会造成理解偏差，能量非但没有共振加强，反而相互抵消。政通人和、令行禁止就是一纸空谈。

但是，解码工作就是典型的"不产生直接价值"的工作。反而如果解码工作没有特别扎实的话，还可能被贴上"务虚""人浮于事""形式主义"等标签，因此特别容易遭到经理人群体的忽略。想想也能理解，对于职业经理人而言，这种"做好没功劳、做砸显眼包"的事项，当然是能避则避。

要解决这种困难的双重束缚——对于组织"既要、又要"的详细论述，可参考《组织困境：领导力、文化、组织设计》一书。这种"难而正确的事"，只能交由对组织的长期发展最终负责的领导者群体来完成，甚至必须由一把手牵头组织，为其配置足够的精力和时间，才有可能将解码落于实处。落于实处的标准也很简单，领导者可以从 3 个方面来评估解码工作是否达到了预期目标。

（1）通过解码工作，组织能量是否得以贯通、组织上下是否更有热情？

（2）通过解码工作，组织是否目标清晰、重点突出，各级团队是否都知晓工作重点？

（3）通过解码工作，指标拆解和工作路径是否相匹配，并指导实现工作目标？

3.2 一张蓝图绘到底

3.2.1 九龙治水

因为对顶层设计中的组织目标解码不清晰，分工也不明确，各部门间的职责边界变得模糊，各部门均有关联，搅作一团。对于有明显收益的工作，谁都找理由参与其中，期待分一杯羹；而对于较为辛苦、收益不明显的工作，则想尽办法推给其他部门，甚至出现"三不管"的职责真空，各部门避之唯恐不及。我见过无数的好业务就在这种内耗中被耽误了。

在东部某个经济发达的省份，运营商的政企客户部门费尽千辛万苦，拿到了当地政府客户的办公楼专网建设，但在内部竟然需要 3 个月、协调十几个团队才能启动建设。最终客户忍无可忍，重新招标，将业务交给了一家以狼性文化著称的私有企业。

这种混乱还会造成更可怕的事。因为管理层没有解释顶层设计，要么说不清楚工作，要么无法说清楚工作，导致工作安排难以正常地向下传递。或者，上级各单位没有交流协调，就直接给下级单位安排工作，下级单位经常接到不同的指令，例如，以不同口径统计同一件工作成果，有的是相互冲突的不同考核，有的是互为前提相互推责，有的是只提要求不配资源……再加上个别领导者强压指标，加大考核力度，层层加码，令下级单位疲于奔命。下级单位就在这种无意义的忙碌中度过，能量涣散到杂乱琐碎的工作中，员工也一天天感到沮丧倦怠。

作为组织的行动纲领，组织的目标必然会涵盖多个方面。既要拓展新的业务收入，又要保持足够的利润，还要持续投入研发，同时要关注客户满意度。即使业务忙得焦头烂额，也要优化流程、沉淀经验、轮换人员、建设思想、建设团队……哪一项说出来，都对组织发展有着或长期或短期的重要影响，手心手背都重要，苹果香蕉都想要。

从目标落实过程来看，目标一般会交给不同的部门来完成。这下更麻烦了，每个部门都认为自己的目标很重要（也确实很重要），特别关注自己的目标是否能够顺利完成，自然也就容易站在自己的立场上，要求兄弟部门和下级部门配合支持，有时候连招呼都不打，一个邮件就把KPI发了过来。

这么一来，兄弟部门之间开始"打架"，市场部门抱怨生产部门、营销部门抱怨网络部门、网络部门抱怨运维部门、客服部门天天被客户骂。而下级部门则每天都被通知开会，被拉扯进复杂的工作要求中，精力极度涣散，也没时间开展生产工作。

而且，不同目标之间的关联似是而非，无法形成系统性的目标体系。于是，什么事情优先、什么事情重要、资源如何投放，都取决于"谁更擅长汇报""谁向上管理"做得更好，久而久之出现了一批"动嘴比动手更擅长"的领导，组织风气逐渐变得奇怪起来。

3.2.2 厘清层次，形成共识

如何厘清组织的目标，让每件任务都有对应的部门负责，职责清晰、各司其职、轻重得当、长短结合？

目标混乱似乎是个老掉牙的话题，但就我20多年辅导过的组织而言，95%以上的组织没有做好这件事情。印象最深的是对中部某个运营商区公司的年中团队辅导。

领导班子、各部门经理共9个人参与了本次辅导。辅导开始时，总经理先做了 38 分钟的发言，描述了公司目标、计划和各部门的关键指标。然后我要求其他 8 个人分别在纸上写出下半年的 3 个重要目标是什么？

有趣的事情发生了。8 个人写出了 22 个不同的目标，总经理当场眼前一黑，要知道他刚才还信心满满地说，我们公司目标贯彻特别好！

例如，网络部门经理写的目标是宽带满意度、触点质量等；市场部门经理写的目标是市场份额、宽带装机量等，每个人几乎都只写了自己关注的那部分事项。有 3 个人还是写到了公司目标，有人写要进入全省前八，有人写全省第三，有人写运营收入 1.3 亿元……要知道，总经理在 38 分钟前刚说过，他认为的目标是全省前五，这些目标让他哭笑不得。

要知道，公司团队应该为同一个目标而努力。就像一个足球队，不管是前锋还是后卫、守门员，他们的第一优先目标应该是"赢球"！假如前锋的目标是进球，那他是否会积极参与防守？后卫的目标是防守，那他是否在有机会插上时仍旧徘徊在己方后场呢？

在这个小互动中，网络部门经理、市场部门经理的眼光只盯着自己的一亩三分地，由此就可以判断出，公司内的协同肯定好不到哪里去！

而写到公司目标的 3 个人，虽然心系公司，但根据自己的判断调整了总经理的目标设定。往好了说这叫有独立思考，往差了说这就是阳奉阴违。这也就不难解释，为什么有时候总经理会有无力感，明明天天在强调，上下天天在学习，却总是执行力不足、拿不出预期的成果来。

难道目标多就无法协同？全局性的战略就必然混乱？答案显然不是。一盘散沙之所以没有凝聚力，不是因为沙子质地不好，而是因为缺少了黏合剂。如果能够找到合适的胶水，同样能够垒出好看的沙堡来。

我认为重中之重，就是要梳理出各项工作目标之间的层次关系。找准自己工作的位置，也能找到彼此之间的关联，有机结合，就不是一盘散沙。就此，我最经常使用的工具是平衡计分卡（BSC），这个工具由罗伯特·卡普兰教授研发，在《战略中心型组织：平衡计分卡的致胜方略》中，其应用范围从绩效管理延展到组织战略，十分适合大型组织使用。

平衡计分卡将不同的目标分类为 4 个维度：财务、客户、运营、成长。

首先是财务维度：关注投资回报。主要关注组织的利润增长和资本效率。

- 利润增长：这是衡量组织效益的最直观的指标。对于投资者而言，他们最关心的就是他们投入的资金能否带来满意的回报。

- 资本效率：这涉及如何高效利用资本以创造更高的财富。举例来说，资本周转率就是一个常用的指标，它衡量了组织对资本的利用效率。

其次是客户维度：关注与客户相关的数据，如客户满意度、客户忠诚度、市场份额和客户价值等。

- 客户满意度：是否满足了客户的需求？产品或服务的质量如何？

- 客户忠诚度：客户是否会继续选择你的产品或服务？他们是否愿意推荐给别人？

- 市场份额：在你所处的市场中，你的产品或服务占据了多少份额？

- 客户价值：平均客户产生的价值，如 ARPU（每用户平均收入）或者 ARPPU（每付费用户平均收入）等。

再次是运营维度：关注效率、质量和能力，包括操作效率、产品质量、创新能力等。

- 操作效率：组织的日常运营如何？能否在短时间内高效地完成任务？

- 产品质量：组织的产品或服务是否达到了预期的标准？有无不断提高质量的措施？

- 创新能力：组织是否有足够的能力去推出新的产品或服务以满足市场变化的需求？

最后是成长维度：关注员工发展和文化塑造，包括组织文化、学习成长、员工满意度、员工能力和素质等。

- 组织文化：组织内文化清晰度是否足够高，文化价值观是否一致？

- 学习成长：组织是否创造了鼓励学习、创新和合作的工作环境？

- 员工满意度：员工对组织文化、福利待遇、职业发展等方面是否满意？

- 员工能力和素质：员工是否具备完成工作所需要的技能和素质？组织是否为员工提供了足够的培训和发展机会？

财务、客户、运营和成长 4 个维度，从上往下依次落实，上一层是下一层工作的结果，下一层则是实现上一层的有力支撑。财务目标是组织发展的关键描述，客户目标是实现财务目标的支持，运营目标则是实现客户目标的支撑，而员工成长则是运营目标顺利实现的基石。换个角度说，成长、运营、客户、财务 4 层目标，逐层向上提供支撑，没有做好下一层目标时，上层目标也很难实现。

我们可以按照这样的思路，将上述团队提出的 22 个目标分别归类到这 4 个层次，如图 3-2 所示。根据全省前 5 的目标，测算出利润率、收入等指标，而市场份额则归类到客户经营指标，网络覆盖指标归属于运营效率指标中，以此类推。经过这么整理后，大家都能找到自己所处的位置，并且也能知道自己的工作，对于实现组织目标是有怎样的价值，和兄弟部门的目标之间，又有着怎样的关系，突然间大家都觉得通畅了，原来自己是组织中的真正一份子！

某公司2022年总体目标：综合KPI进入全市前五　　　　　　　　　　　　　　**HILL 希尔咨询®**

维度	目标1	目标2	目标3	目标4
财务	运营收入完成1.3618亿元	集客信息化收入完成3040万元	CHN收入完成9897万元	集客移动云收入完成531万元
客户	客户服务KPI全市前三（其中宽带上网满意度双领先、触点质量满意度达95以上）	高价值客户发展（等效客户净增9510户、等效宽带6986户）	集客千万级项目签约2个、数字经济项目签约2个	集客项目签约份额50%
运营	打造一个党建品牌	渠道强基：新建等效渠道7家、直销员招募数达38人	创新网格管理，消除后20%网格	创新代维管理：全市优秀代维数超区县体重10PP，打造入户第一品牌
成长	人才培养：市骨干1人、县骨干3人、升职升级人员数超区县体量	全身优秀网格打造1个、全市不低于1个	区县体能：OD项目扎实执行落地及二次内部转化	创新：打造1个全省优秀课题

©2022希尔咨询　　　　　　　　　　　　　　　　　　　助力改变，成就高绩效活力组织

图3-2 某公司平衡计分卡应用实例

3.2.3 4个对齐，做好名词解释

目标层次理顺后，下一步就是理解一致了。同一个词语，对于不同的人来说，视角、深度、步调、优先级等都有所不同。实际工作中的许多协同问题，并不在于动机与能力，而是因为彼此的"名词解释"不同。

要做好名词解释，惯用的方法是SMART原则，其中S=Specific、M=Measurable、A=Attainable、R=Relevant、T=Time-bound，即要求目标描述必须具象化、可衡量、可接受、有相关、有截止时间。这个方法帮助不计其数的职场人士提高了工作效率，改进了工作绩效。对于本书读者来说，这个方法应该不陌生，我也不赘述了。

我想说的是，这属于是"对事"的澄清方法。而在团队目标传递过程中，同时需要考虑人的因素，才能发挥通过目标管理组织行动能量的作用。因此，我对其A（Attainable）做了新的注解。

我认为，A还需要代表一个含义，即Agreeable，认同的。自己设定的目标，需要得到内心真正的认同。

而团队之间设定的目标需要得到团队之间的认同，否则等待自己的就是阳奉阴违、期望落空。这是从管理者转身到领导者必须考虑的重要因素之一，再也不能只通过KPI的强制手段来安排工作，而是需要通过引领、感召、唤醒等方式实现团队对目标的认同，进而实现组织意图。

做到Agreeable有许多小技巧，我从组织层面分享一个实现目标认同、达成一致共识的好方法。这也是我的一个优秀学员告诉我的行之有效的实践方法。

平衡计分卡首先解决的是彼此间的认知问题，在这个基础上，重点进行4个对齐：语言对齐、重点对齐、资源对齐、步调对齐。

（1）语言对齐：语言对齐背后反映的是思考角度的对齐，每个部门不仅站在自己的专业角度，也要站在兄弟部门的角度思考，在一致的语境下探讨问题。

（2）重点对齐：每个部门可能都有当下的优先目标，这些目标也往往互不相关，甚至可能有所冲突，对齐优先目标，才能力出一孔。

（3）资源对齐：投入的资源也需要对齐，实现优势互补，否则容易出现拆东墙补西墙、一边建设一边破坏的恶性成果，造成极大浪费。

（4）步调对齐：实现目标的计划、节奏也需要对齐。因为有时候目标虽然一致，但有的人跑得快、有的人跑得慢，接力棒无法正常传递，反而经常"掉棒"，这不仅影响效率，还会有大量浪费。

以下是某公司的网络部门和市场部门的冲突和共识案例。

从市场看，2022年网络考评的满意度排名全市后三，市场部门抱怨网络部门支撑不给力，营销做了许多，但网络信号跟不上，用户流失严重；从网络部门看，宽带端口利用率只有41%，排名全省22名，网络固定资产原值收益低，优质网络并没有转化成市场优势，网络部门抱怨市场部门发展不力。

后来，网络部门Z总带头提出，网络部门先做出改变，不再优先聚焦网络部门指标，而是从公司发展的大目标出发，以"帮助市场（团队）打赢竞争"为网络部门的原则，通过主动贴近沟通讨论，明确了4方面问题。

（1）语言未对齐：网络口工作对象为逻辑小区、基站、单栋楼宇等，市场口营销对象为独立边界的物业区、行政村、院校企/事业单位等。

（2）重点未对齐：网络口依据网管和投诉数据形成当年网络整治计划，市场口依据当年要发展的重点业务匹配客户触点形成营销场景清单。

（3）资源未对齐：网络资源与市场折让折扣营销资源未形成优势互补。在网络绝对领先区域依然投放大量营销资源，难以实现高质量发展。

（4）步调未对齐：网络口推动市场发力仅停留在单向数据发布，未与市场形成针对性的统筹工作安排，导致网络运维处于"被动救火"阶段。

问题明确后，网络部门提出了建立以"挂图作战"为纽带的协同机制，将下沉网络支撑中心与市场片区服务中心紧密相连，践行"十个亲自"，持续锤炼队伍"规建维优服"融合支撑能力，不断深化"做网络就是做市场抓服务就是抓发展"等理念。

效果也是显著的，3 个月过去后，两个部门的核心指标均有增长，甚至个人客户指标增幅竟高达 14%，这也让两个部门更有信心，这套方法也随之推广到全省学习。

3.2.4 上下同步，目标责任制

环顾四周，这样的场景是否很熟悉——

上级下发了一个新的文件，专门强调终端覆盖率的进一步提升，并同时要求做到向下压实责任、切实开展工作，不留一点死角，要求所有工作都需要留痕、需要提交总结报告、需要归纳创新做法并向上汇报等等，并指明了具体的 KPI 以备考核。

简单理解一下，就是上级觉得有个指标完成得不好，给下属安排了一堆工作，然后等着收作业、当裁判。

这就是隐形的上下不同欲的具体表现，也是上级和下属难以实现目标共识（Agreeable）的关键原因。我们会发现，这个例子中的上级部门只负责提要求，并不关心行动策略；只负责考核追责，不关心艰难困苦；只负责管控，不关心支撑。

层层下达指标、通报考核，所有的活都是一线业务单元干，而上面只管安排、管控、考核，喊着"兄弟们，给我上!"

谁愿意?

以往总有人以"我是领导，不了解执行细节"为由来推脱，但我们在西部省份服务的一位省公司的领导，为了测试高铁上的网络信息数据，两年内亲自搭乘高铁跑遍了全省。工作结果就是，她分管的网络线条成为全国领先。

领导可以不用亲力亲为去执行，但并不意味着不需要关注执行细节，不关注就意味着与实际脱节，不仅无法做到有效支撑，有时候连有效管控都做不到。

实践中，我们把"一张蓝图绘到底"（如图 3-3 所示）的思想引入行动中，取得了非常理想的效果。具体如下。

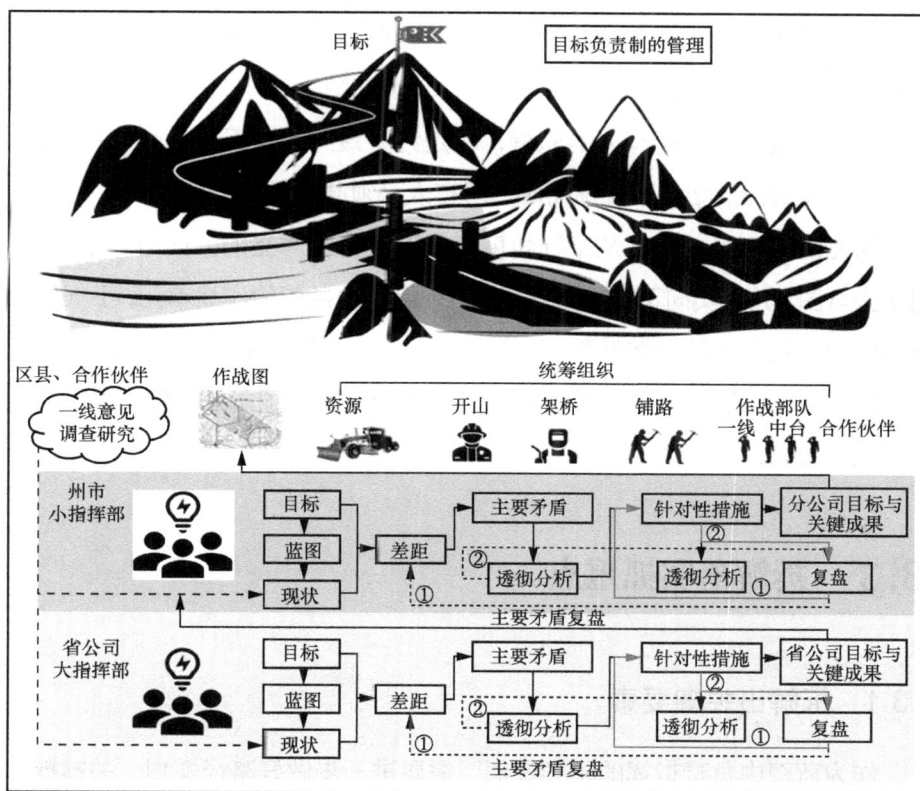

图3-3 一张蓝图绘到底

工作事项由分管领导牵头，从顶层设计到实施路径再到具体落地，全部贯穿设计，把问题提出来，把困难摆上来。领导作为指挥部负责"修路架桥"，确定目标路径，统筹组织任务、资源、队伍，执行团队只管放手去干、训练有素、有战斗力，能够从容抵达终点去实现目标。

在共同为目标负责的指挥部模式下，将各层级人员的不同职责，转变为层层为目标（并肩）战斗的模式。打仗的关键在于指挥的亲自谋划、亲自指挥！打胜仗的关键，在于一线的部队，更在于指挥部。通过顶层的系统思考，体系推动，形成最大组织协同力，达到事半功倍！

于是，我们把常规的管控、考核，改为向前支撑、向下支撑。下级单位碰到困难，上级单位负责解决；下级单位能力不足，上级单位负责培养；下级单位资源不够，上级单位负责协调；下级单位跑不完流程时，上级单位负责协助，甚至优化流程……

在这张蓝图上，所有人的职责，都是为了最终的结果服务，所有成果上下同享，而最终的结果不如预期时，所有人必须共同担责。

原先的上下级关系，从某种角度上来说是存在对立的。而当上下共同绘制这张蓝图，并落实向下支撑责任时，上下级成为共同的作战单元，士气倍增、效率倍增。我在一线经常听到，"我们M总亲临一线，这么为我们考虑、想办法。他都做到这份上了，我们哪里还有什么借口呢？拼了命也得把任务完成了，不能让他失望！"

3.3 拆解落实抓重点

3.3.1 拆解出关键要素

作为蓝图中负责指挥的领导者们，需要进一步做好路径规划、关键拆解，而不是眉毛胡子一把抓，想起一出是一出。大多数的团队并不缺乏向前冲的动力，他们最怕的是领导不靠谱瞎指挥，抓不到重点，天天要求勤能补拙，令团队原地打转，徒劳无功。而有效地拆解能有效地运用团队的行动能量，也能为团队注入更多的信心。

拆解的目的是厘清工作任务的千头万绪，根据实际情况，识别出路径上的关键要素，以便于集中优势资源突破障碍。我在辅导中经常使用鱼骨图来识别关键要素，效果很好。

鱼骨图（如图3-4所示），又称因果图或石川图，是一种用于分析问题原因和影响因素的工具。鱼骨图的基本原理是针对一个问题（鱼头），列明产生问题的关键要素（鱼骨主干），从关键要素继续深入细分，挖掘分项要素（鱼骨分支），如此一层层挖掘分析下去，直至找出可以解决问题的方法或者行动的步骤。

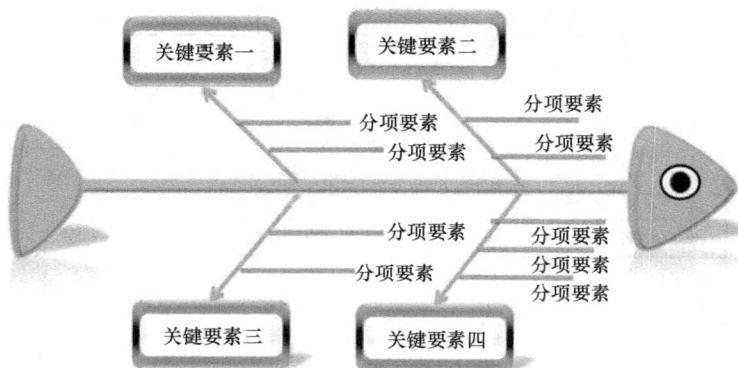

图3-4　鱼骨图

以"如何将落单客户比例由 25% 增加到 35%"问题为例，如图 3-5 所示，围绕这个问题，团队找到了 6 个关键要素：交换资料、提升服务、沟通信息、客户挖掘、及时报价和快速反馈。每个关键要素分别有两个分项，如快速反馈的分项要素包括例行通报和异常通报。

通过这样的分析绘制，团队可以直观地掌握达成目标的关键要素，以及做好这些关键要素的主要分项要素。梳理清楚后，就不至于把问题搅和在一起。例如，当讨论"提升服务"课题时，提出的解决思路是"及时报价"，或者是"做好异常通报"等，然后思路就跳转到其他主要要素，或者进一步跳转到其他要素的分项要素上，可以尽可能地将执行的思路保持在恰当的轨道上，逐步突破。

使用鱼骨图明确关键要素的一般步骤如下。

（1）确定主题：明确你要分析的问题或目标，将其写在鱼骨图的头部。

（2）绘制主干：从主题出发，画出主干，代表关键要素。

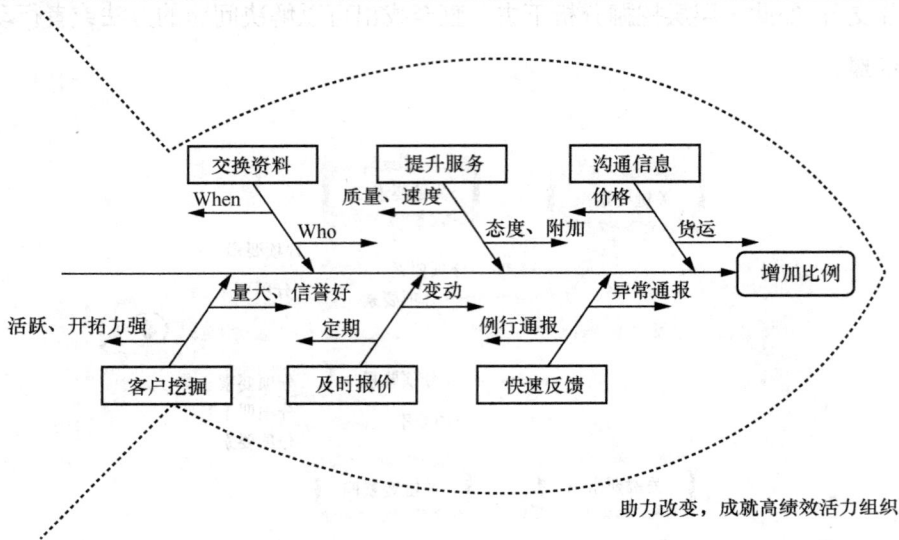

图3-5　鱼骨图应用示例

（3）添加分支：在主干上分别画出分支，代表各个分项要素。这些分支可以按照不同的分类或维度进行划分。

（4）分析因素：在每个分支上进一步细分和列举具体的影响因素。可以使用头脑风暴、数据分析或专家意见等方法来确定关键因素。

（5）评估重要性：对列出的影响因素进行评估，确定哪些因素对问题或目标的影响最为关键。可以根据因素的重要程度进行标记或排序。

（6）持续完善：根据实际情况和新的信息，不断完善和更新鱼骨图，以确保其准确性和有效性。

鱼骨图可以帮助团队系统地梳理问题的可能原因，并确定出主要原因和关键要素。绘制好鱼骨图后，各个因素都会直观地以图形展示出来，帮助人们更清楚地理解问题的结构和关系。同时，在绘制鱼骨图的过程中，团队成员可以共同参与讨论和分析，从而促进团队的沟通和协作，增强团队解决问题的能力。

接下来看同样课题的实践应用：如何提高通信行业的项目签约率？

该领导先是组织团队开展了头脑风暴，根据过往的经验，梳理出首代作用、队伍能力、竞争文化、支撑力度、机制牵引、组织管理等 6 个关键要素，并分别找出了 2 ～ 3 个分项要素，如图 3-6 所示。

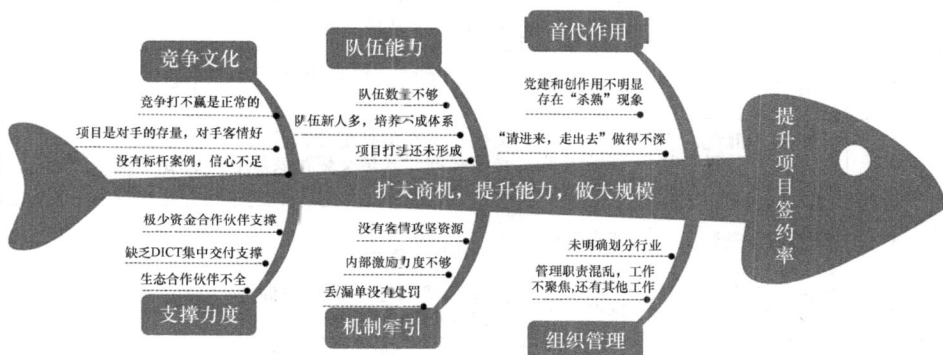

图3-6　某公司鱼骨图应用实例

经过梳理之后，该团队纷纷表示："今天终于把这件事情说明白了，以前我们开会研讨，东一榔头西一锤子，自己都被自己搞晕了。"

但是，工作到此并未结束，以下动作是鱼骨图拆解法的成功诀窍：假设验证。人们在绘制鱼骨图时，很容易陷入经验主义的陷阱中，根据过往的经验找关键，而且提出来的观点往往还有事实佐证，看起来难以辩驳。

但经验存在主观偏差，该事件既不一定会继续发生，也不一定是人们所拆解（猜测）的分项要素，如果没有经过有意识的证伪假设，就很容易造成误导，轻则浪费时间、成本，重则造成战略误判，给组织带来严重损失。

所以，该领导对图中的 16 个分项，都安排专人验证。经过验证后，果真发现其中的 7 个分项要素是伪命题（如表 3-1 所示），它们或者对提升项目签约率影响不大，或者具有偶发性等。

表 3-1 某公司鱼骨图验证结果实例

序号	末端原因	确认方法	要素确认	验证人	是否为要素
1	党建和创作用不明显，存在"杀熟"现象	查阅档案	党建和创多数选择关系好的单位，对项目促进不大	大李	是
2	"请进来，走出去"做得不深	现场访谈	采用"请进来，走出去"的项目成功率在90%以上，是有效措施。2022年"请进来，走出去"的数量严重不够	大李	是
3	未明确划分行业	现场访谈	职责不清晰，专业性不强、纵向穿透不够	小谢	是
4	管理职责混乱，工作不聚焦，还有其他工作	现场访谈	岗位职责有清晰定位，职责是清晰的，只是支撑需要加强	小谢	否
5	队伍数量不够	调查问卷	全市行业经理仅4人，与分公司市场规模不符	老刘	是
6	队伍新人多，培养不成体系	现场访谈	行业经理未经过系统培训，能力参差不齐	老刘	是
7	项目打法还未形成	现场访谈	项目缺乏标准打法，同时项目个性化因素多，即便有标准打法也很难应用	大李	否
8	没有客情攻坚资源	现场访谈	存在巨大风险	小谢	否
9	内部激励力度不够	现场访谈	公司已经建立健全项目分享机制，激励机制相对健全	小谢	否
10	丢/漏单没有处罚	现场访谈	对丢/漏单缺乏考核，没有复盘，责任压实不够	小谢	是
11	竞争打不赢是正常的	调查问卷	观念有巨大问题，打赢竞争，赢得市场，是主责	老刘	否
12	项目是对手的存量，对手客情好	现场访谈	对手的存量就是我们的增量，客情是从无到有、由浅至深建立的	老刘	否
13	没有标杆案例，信心不足	查阅资料	标杆案例能破除心魔，树立信心	小谢	是
14	极少资金合作伙伴支撑	调查问卷	大部分合作生态是自带资金	老刘	否
15	缺乏DICT集中交付支持	现场访谈	项目建设、交付、售后过度依赖生态，项目把控力不强	小谢	是
16	生态合作伙伴不全	现场访谈	合作生态是项目商机、项目抢夺、交付和售后的核心	小谢	是

该团队最终选择了其中的9个分项要素进行改进，获得的成果也是喜人的，项目签约率同比提升166%。

3.3.2 从关键要素到关键行动：KDI

能够将关键要素的鱼骨图梳理扎实，已经超过实践中 80% 的领导者了，这么多年来我见过的领导者中，能够滔滔不绝讲 2 个小时的人很多，能够快速在黑板中画出鱼骨图的不多，已经带领团队做好梳理并切实落实的更是寥寥无几。

更多的时候，是领导者们会抓住关键要素，在大会小会上不断强调，我们要"形成项目打法""有成功案例""发展生态伙伴""拓展客情"等，然后将落实工作交给下属去完成。

我认为，这样做并不妥当。这些关键要素之所以会出现在鱼骨图上，很大的可能是下属在此方面没做好，没有思路、能力不足等。对于这些要素，下属身在其中，早就清清楚楚。他们更需要的是从领导层面组织、牵头、协调，调用更大的力量来帮助他们解决问题。如果一推了之、认为强调了就等于做到了，这样的领导方式较为不可控。

领导者在梳理出关键要素后，仍需要带领团队继续向下深挖，以"一张蓝图绘到底"的精神，直到和团队共同梳理出关键行动。从组织能量的角度，这是把能量转化为行动、由虚变实的转化过程。通过对文化、战略、目标、关键要素等的分析，我们已经厘清了能量的方向、规划了能量的路径，但对于执行来说，仍旧处于"飘"在空中的状态，需要通过切实的执行行动，才能承载好这些能量，转化为显性的工作成果。

该怎样来梳理关键行动呢？我在此分享希尔咨询的一个原创工具：KDI（国作登字 -2024-A-00242852）。

KDI 是希尔咨询在辅导实践中的原创，指的是关键行动指标（Key Do Indicator）（如图 3-7 所示）。KDI 是个看起来很简单、但效果极佳的工具，KDI 要求找出关键行动，例如，每天在上午给 2 个重要客户打电话，通话时间不少于 10 分钟，由此可以看出，KDI 包含着动作、频次、数量 3 个关键要素，缺一不可。

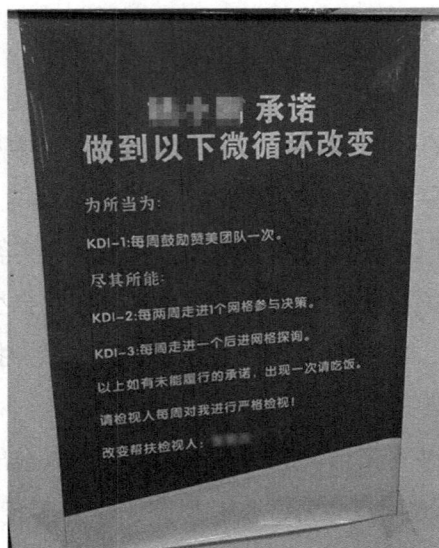

图3-7　学员KDI应用实例

之所以提出和KPI这么类似的KDI，是因为我们在大型组织中发现，KPI文化盛行，大家都习惯于"下指标"，给出量化的要求，同时回避对实现路径的深入思考，甚至有人说，"当领导最容易了，会给指标就行，他又不管怎么做。"虽然领导不具体分管执行，是对一线工作的支持和信任，但并不意味着领导可以不懂执行、身居庙堂、纸上谈兵。领导必须充分了解工作情况，除了KPI，还得清晰掌握KDI，才能帮助团队拼上蓝图的最后一块。

KDI的辅导往往出人意料。总有人认为，这不是很简单吗？不就是把每天的具体工作写出来吗？

其实不然，在实践中，80%以上的学员第一次提交的版本并不合格，要么就是写得很笼统，如"认真负责工作，积极改善客户关系"；要么就是畅想未来，写得不切实际，如"每天读书4小时并输出读书笔记"。从另一个角度来看，这也反映出团队对于执行的理解存在许多不到位的地方，连具体怎么做事都说不明白。

因此，我总结了几个用好KDI的重要原则。

（1）KDI 必须落实。和 KPI 一样，KDI 也强制要求落实。如果连具体的工作任务都可以打折扣，那团队的执行力一定出了大问题，工作目标也一定无法完成。

（2）KDI 同样遵从 80/20 原则。KDI 的 K 表示 Key，在完成目标的许多动作中，有一些关键的行动起到了 80% 的重要作用。能够将其识别出来，而不是按照工作流程把所有行动都描述一遍，对工作认识的程度要求较高。

（3）KDI 要求可执行性。KDI 的设置，不管是动作，还是频次、数量，都必须反复沟通，确保这些关键行动具有可执行性，而不仅是畅想。一方面，KDI 的强制属性会影响个人绩效；另一方面，KDI 制定不合理，也会影响整体目标的实现。根据我们的经验，每个 KDI 沟通 2 ～ 3 轮是较为合理的，尤其对于初次引入 KDI 的团队。

（4）KDI 必须上下共同梳理。KDI 不能成为 KPI 那样自上而下的指标，因为领导者往往并不如下属了解具体工作。领导者要扮演的是指导、促动的角色，而不是根据经验拍脑袋，强行干涉下属的具体行为。从另一个角度来说，只有共同梳理的行动，下属对其才有相应的理解，知道行动背后的意义和价值，也更有意愿执行自己认同的行动。

（5）KDI 从关键价值链、关键事项、复盘会议中来。制定 KDI 不是拍脑袋，也不是专题研讨，而是需要结合前文提及的各个环节，在研讨中生成关键行动，才不至于出现目标和行动的脱节。

（6）KDI 的重点是动起来。不管计划制定得多完美，必须马上动起来，否则一切都是空中楼阁。

3.3.3　一线业务单元的 139 工作法

一线业务单元的目标较为具体，不需要像省、市公司那般有较多管控职能，其主要精力放在生产上，因此关键要素相对聚焦，对行动结果的要求也更加直接。对此，我们也专门开发了对应的管理工具，称之为 "139 三层目标共识法"（国作登字-2024-A-00242856），如图 3-8 所示，该工具将目标、要素和行动贯穿起来，在实践中取得了很好的效果。

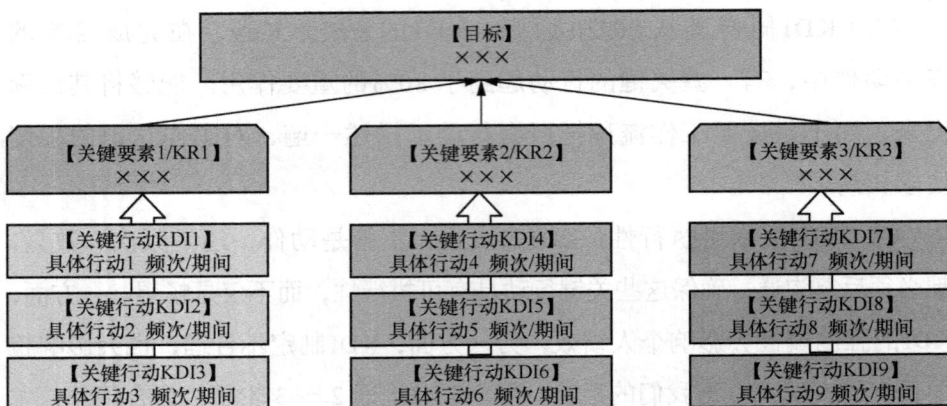

图3-8　希尔咨询原创工具"139三层目标共识法"

首先，"1"指的是目标。为了避免重点分散，此处的"1"建议选择最重要的唯一目标。每个单位只选一个目标，每个部门也只选一个目标，每个班组也只选一个目标。

其次，"3"指的是实现目标的关键要素。类似于鱼骨图的拆解思路，领导和团队共同梳理、验证、确认实现目标的 3 个关键要素。之所以选择"3"这个数字，一来是因为具体业务单元的任务相对简单，影响要素较少；二来是因为"多就是少"，根据人们的思维习惯，往往只能记住 3 个以内的事项，超过太多的话精力就会被分散，甚至行动就会被遗忘。

最后，每个关键要素同时配套 3 个 KDI。只谈关键要素不谈行动，永远不会有结果。我们在实践中发现，执行过程中要实现关键要素，往往不需要太多的行动，而更需要识别出重要的动作，并把动作切实做到位。

一个应用实例，如图 3-9 所示。

除了指导整个组织的发展，这种工具也可被应用于某项具体任务梳理，如图 3-10 所示。

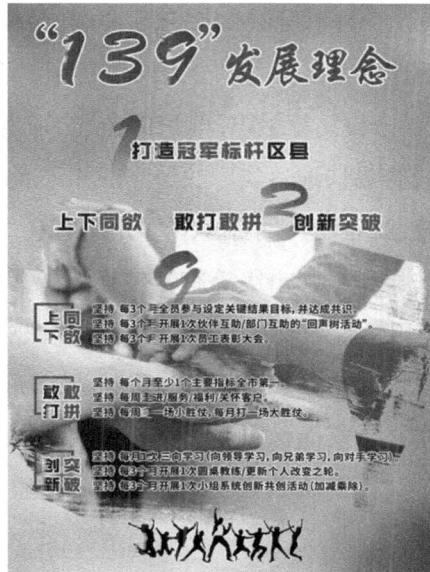

图3-9 某公司"139三层目标共识法"应用实例

1-3-9KDI分解法（从目标分解到行动）

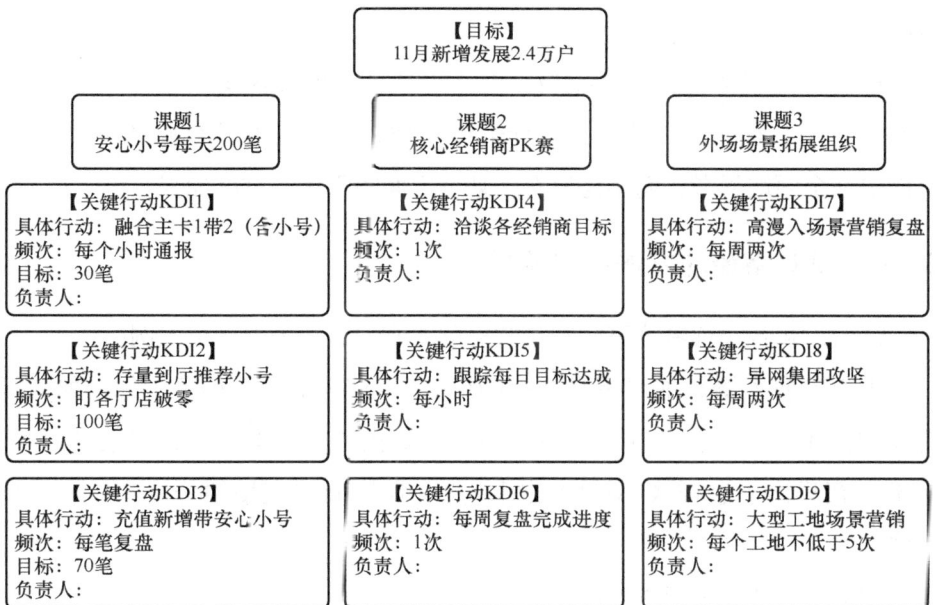

【目标】
11月新增发展2.4万户

课题1 安心小号每天200笔	课题2 核心经销商PK赛	课题3 外场场景拓展组织
【关键行动KDI1】 具体行动：融合主卡1带2（含小号） 频次：每个小时通报 目标：30笔 负责人：	【关键行动KDI4】 具体行动：洽谈各经销商目标 频次：1次 负责人：	【关键行动KDI7】 具体行动：高漫入场景营销复盘 频次：每周两次 负责人：
【关键行动KDI2】 具体行动：存量到厅推荐小号 频次：盯各厅店破零 目标：100笔 负责人：	【关键行动KDI5】 具体行动：跟踪每日目标达成 频次：每小时 负责人：	【关键行动KDI8】 具体行动：异网集团攻坚 频次：每周两次 负责人：
【关键行动KDI3】 具体行动：充值新增带安心小号 频次：每笔复盘 目标：70笔 负责人：	【关键行动KDI6】 具体行动：每周复盘完成进度 频次：1次 负责人：	【关键行动KDI9】 具体行动：大型工地场景营销 频次：每个工地不低于5次 负责人：

图3-10 某公司融合"139三层目标共识法"与KDI模型的应用实例

在梳理过程中，有几个提示可供参考。

首先是对于目标的选择。目标可以分为愿景目标、阶段目标和行动目标，对于一线业务单元、区县分公司等组织，建议优先选择阶段目标或者行动目标，因为这两类目标相对较容易快速落实、快速出成果，各项行动取得的反馈更为及时、直接，能够通过不断的"小胜"，为团队提高"大胜"的信念，提升团队的士气和能量。如果是省、市级等有着较强的指挥、管控、支撑等职能的组织，则可以酌情使用鱼骨图或者139三层目标共识法。

其次，选择关键要素时兼顾多个层面。我认为，所有影响要素都可被划分为个人、团队、系统3个层面，有些要素是个人层面的，如个人认知；有些要素则是团队层面的，如团队相互支持；有些则是整个系统层面的，如流程机制、组织归属感等。

有时候我们在选择关键要素时，容易受到工作经验的影响，过于强调某个要素，而忽略了其他方面。并不是说一定要按照这3个层面，分别选一个，而是建议在选择时，以这3个层面作为思考框架，然后根据实际情况挑选符合的要素。

最后是行动选择的参考模型。前文提到过，推动改变要考虑3个方面：动机、能力、提示。因此，在选择关键行动之时，也可以参考这3个方面，从而更加全面地思考，而不是只看到某个方面的不足，过度加强。

3.3.4 找对路径的方法：加减乘除

最后，和各位读者分享一种有效拆解的方法。先来看一个案例。

本年度收入增长的目标是8000万元，你有5个营销小组，你会如何拆解和安排工作呢？虽然前文一直在谈要做好指挥、梳理路径，但很多时候，有不少领导出于这样或那样的原因，更习惯用简单粗暴的分配来完成指挥动作。

常见的做法有下面3种：

（1）将8000万元平均分给5个小组，每个小组1600万元；

（2）将8000万元上浮到1亿元，再平均分给5个小组，每个小组2000万元；

（3）按照小组过往的成绩，能力强的小组多分一些，能力弱的小组少分一些。

分配完指标后，拆解工作就完成了，接下来就是按周、按月、按季度跟踪进度，并做出表扬或者通报。

我想说的是，以上3种方法都过于简单粗暴，在工作方式、方法既定，完成挑战不大的时候，可以这么做。其他大多数情况下，这些方法只传递了目标和压力，并未真正实现路径拆解。

因为这3种方法都是一种"分配"的思维，而不是"指挥"的思维，只强调了目标，没有告知方法。如何实现指挥思维的调整，帮助团队更好地找对落实路径呢？在此介绍一个希尔咨询原创的工具：加减乘除改变法（国作登字-2024-A-00278685）。如图3-11所示，加减乘除改变法通过对人们尚未满足的需求和习以为常的麻烦进行深入分析，阐述了如何运用加法、减法、乘法和除法来实现创新。

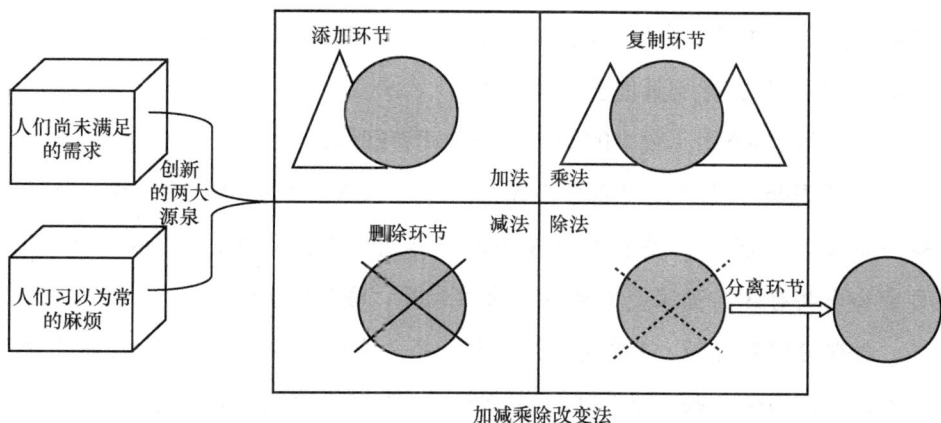

图3-11　希尔咨询原创工具"加减乘除改变法"

加法：组合/集成/融合。

①组合：（1+1 ≤ 2）/注意力，推销更多产品（产品导向）。②集成：

（1+1 ≥ 2）/注意力，结合客户的各种问题症状，推荐对应的产品（客户导向）。③融合：（1+1 ≥ 3）/注意力，剖析客户核心问题并提供解决方案（价值导向）。

减法：致力于减少负面价值、负面干扰和低效环节，提升效率和质量。

①减少负面价值：减少给客户带来负面价值的环节，如不符合需求的推销绑定。②减少负面干扰：减少给员工带来负面能量的环节，如形式主义等妨碍和干扰员工的表现的不合理要求。③减少低效环节：减少冗余流程或低效的环节，如会议/资料/审批流程。

乘法：通过叠加相乘、复制相乘和跨界相乘，实现加倍加量的创新效果。

①叠加相乘：叠加能够提升客户感知满意度的一系列动作。②复制相乘：能够举一反三，复制有价值的动作。③跨界相乘：推动跨类别、跨行业的相乘动作，如通过异业合作提高用户的权益。

除法：通过高价值分离、快速增长分离和耦合分离，优化资源配置，促进重点环节的发展。

①高价值分离：分离最高价值环节，单独做（避免受干扰）。②快速增长分离：分离最有快速增长空间的环节，单独做（避免受资源、时间、精力等限制）。③耦合分离：分离目前占用时间较长的环节（但是该环节无法删减），单独做（避免耦合太多环节，影响其他重要环节）。

下面用我们公司实践中的例子，帮助读者理解。

众所周知，对于咨询公司而言，人才梯队培养是重中之重。根据战略规划的要求，我们需要在未来 3 年内培养出 3 名主教练、6 名执行教练。目前公司共有 3 名资深的主教练，承担着人才培养的重任。

按照分配的思维，3 名资深主教练，每人负责培养 1 名主教练、2 名执行教练。人力部门每季度跟进培养进展，并及时上报总经理即可。

但这样有效吗？人才培养属于重要而不紧急的事项，假如没有关键抓手，就很容易受到业务的影响，令培养动作时有时无、不成体系，培养效果自然难以保证。

于是，我们应用加减乘除改变法的思维，从合伙人委员会的角度，帮助资深主教练梳理出对应的培养路径，作为人才培养的建议策略，具体如下。

加法：增加对专业知识的培训，每个月至少确保一次专业知识学习；增加多样化的经验，有意识安排被培养人参加各种不同类型的项目。

减法：减少"低空飘过"的心态，严格要求被培养人的项目材料质量；减少在见习过程中的批评行为，不轻易否定被培养人。

乘法：要求被培养人总结提炼每一个项目经验，并在内部分享，推动团队学习；将课件、模型及应用规范尽可能标准化，帮助每个被培养人尽快度过学徒阶段。

除法：将人才认证工作单独设立为项目，并配套独立的商业模式；将人才生态建设作为独立工作开展，不计算到内部人才培养工作中。

使用加减乘除改变法，与资深主教练共同探讨出以上具体行为抓手，既能帮助其有的放矢地培养人才，也便于人力部门检视支持，培养工作逐渐进入正轨，培养速度也大大加快了。

第 4 章

理顺关系和职责，提高行动效能

4.1　穿透表象看内耗

　　Y总最近很焦虑，业务难以推进。而让他更挠头的并不是市场没有需求，而是内耗让他寸步难行。

　　Y总花了大半年时间拓展出新项目，毛利率极高。这个项目，完全根据客户的新需求重新设计，客户非常满意，也同意预付88%的项目款，希望项目尽快交付。但在交付过程中，Y总发现其中一个小部件，公司尚没有对应的供应商，需要重新配套，于是问题就来了。

　　先是被要求做供应商资质审查，哪怕采购金额仅为5008元，只占项目总金额的0.11%，该走的流程还是要走。出于合规的要求自然可以理解，Y总取消了几位客户的拜访，又催供应商又催内部流程，好不容易跑通了流程。

　　还没等松一口气，采购部门要求Y总提交可研报告，详细测算采购的回报率以及长期预测。可是，项目模式暂未定型，未来有很大的变化空间，长期预测准确度不高，且本项目是盈利的，也不存在采购风险，就这么小的配套材料，有什么好预测回报的！可是采购部门并不关注这些。不得已，Y 总晚上提交了一份材料才得以通过。采购部门并不太追究数据准确性，他们要的是这份报告。

Y 总一门心思想泡在市场上，把新项目铺向自己的客户，毕竟新的项目一上线，竞品很快就会跟进，时间窗口很短。没想到两周时间都消耗在了内部的各项流程里，这让他十分惆怅，让他更没想到是重拳还在后头。

财务要求供应商先开票，才能付款。供应商表示初次合作，没理由还未收款，就开出收款凭证。而且采购金额也不大，供应商也懒得专门去开票。双方僵住了。Y 总每天好声好气地两头协调沟通，毫无进展。又过去了两周，客户着急上火、竞品跟进了新的优化方案，Y 总仍旧夹在中间。

最后的处理结果是，把预付款退还给客户，到手的利润可以不要，流程不能不管。同时，竞争对手带着新的方案，把 Y 总的潜在客户全部抢走。Y 总忙里忙外一个多月，在内耗中把自己坑到了死胡同中。

他跟我说，以后再也不做创新项目了。我听到这个故事的时候，也极度震惊！这么匪夷所思的事竟然就发生在眼前，这个组织，看来到了不得不改的境地了。

"内耗"二字，可谓是组织行动效能不高的常见词，尤其在大型组织中。流程极长、考核极严、审查极细，关关签字、环环优化、无人拍板，每个人都好像在认真工作，但工作就是难以得到实质性的推动。

本该用于关注客户的能量、用于研发产品的精力，都消耗在这内部的空转中，最终导致生产力低下、考核不过关、客户投诉等，这又进一步加剧了这个恶性循环，要求流程更加优化（细分）、把关审查更加严格、考虑更加周全、需要签字的人更多了。就像"为了解决开会多的问题，专门又开了几次会研究，并且每周召开协调会，督查会议是否变少了"，大家只是热衷于查缺补漏，在解决了老问题的同时，往往又会制造新问题。

这种复杂问题简单化、简单问题复杂化的表象背后，就是摆在各级领导者、管理者眼前的一地鸡毛，令人烦躁。挨个解决是不可能的，只有从更深层次的原因着手，找到鸡毛背后的共性问题，才能从根本上提高行动效能。

根据我们在实践中的观察，排除躺平、怠惰等因素（这些因素可以通过前文所述的文化、目标等方式加以改善），直接影响行动效能的因素，常常是这 4 个方面：**关系不正、职责不清、缺乏改变、不当干预**。

关系不正是第一个因素。诺曼·沃尔夫在《激活组织能量：打造有机组织，创造非凡业绩》中明确指出，行动能量受到关系能量的影响，是关系能量的表象体现。各种行动、机制、流程，都属于行动能量，若没有团队背后同频共振的关系能量，彼此之间的认知、理解、假设并不一致，就会呈现出各种冲突的表象。这种表象仅靠强调目标、优化机制、调整激励等做法，都是治标不治本，很快就会产生新的问题。常见的 3 种不正关系如下。

（1）以他人为中心。自己的工作关系是以他人为中心，努力支持他人。结果是自己每天都很忙，做了很多事/被要求做了很多事，但是没有一件事是自己主导的，导致自己陷入多个部门的拉扯中，自我能量耗散大。

（2）以自己为中心。工作关系上以自己为中心，凡事只想到自己，要求他人支持自己时，不太考虑他人的诉求。功名利都是自己的，脏活苦活都是别人的。处于零和的能量状态，十分容易造成能量冲突，破坏组织能量场。

（3）以职责为中心。工作关系上只锚定某项职责,可能是自己的本职工作，也可能只是本职工作中有所偏好的一部分，不考虑其他职责、其他部门的诉求。能量过于聚焦、外延不足，甚至会耽误工作推进。

关系理顺后，第二个影响因素是职责不清。虽然所有的大型组织都有明确的岗位说明书，说明本岗位的目标、价值和工作内容，但职责不清的抱怨，仍旧出现在各个层级的团队之中。可能是因为彼此对于职责的理解不到位，虽然"任务""工作"清晰，但"职责"其实是不清楚的。

岗位说明书上的职责说明，重点应该是说明该岗位应该创造什么价值，与组织文化、组织战略目标之间的价值关联，与兄弟部门之间的价值分工，而不是快速跳到任务说明、KPI 等显性要求上。同时大型企业内的各项审批、签字又隐形地加剧了这个局面，本意上是为了防控职责不清带来的风险，实则层层把关变相助长了对职责不清的放任。

第三个因素是缺乏改变。在大型组织中，按部就班很容易，创新改变则很难。路径依赖随处可见，人们宁愿更加努力地按照既有的错误继续执行，也不愿意思考如何创新改变。这里面有环境的因素，有人的因素，有方式方法的因素等。如何推动改变真正发生、行为真正落地，是提高行动效能最为直接的显性成果。

最后还有一个隐藏的因素，是领导者的不当干预。对于某些领导力仍有待发展的领导者而言，其不恰当的领导方式，会给团队带来实质上的干扰，导致团队无所适从、进退失据。主动请示被说不会思考、自行决策被说擅作主张、不会的没人教、会做的又来瞎指挥，团队慢慢就习得性无助了，领导不交代的坚决不做、没有发文的事项坚决不签，以至于"领导您说的话都对"这句怪话流传甚广。

4.2　人对了，事才能对

提高行动效能，首先要改善组织关系能量。只要是由人组成的集体，就必然会存在人与人之间的关系。好的关系应当是同频共振的，关系是一种波，虽然看不见，但相互之间都能感受到，甚至旁观者也能感受到空气中的"关系"是和谐的还是充满火药味的。

如同前文所述，不在正轨上的组织关系，会阻碍组织内能量的流动，上下级之间不联通，左右部门抢功拉扯，前后部门推诿扯皮，组织能量还没用在创造价值上，就已经在混乱关系中耗散殆尽。

哪怕个人与个人之间，也不外如是。和对的人一起探讨问题，往往能够产生惺惺相惜的感觉，感到头皮发麻，感到自身内部有种能量在生发，哪怕是意见相左，最后也会越聊越精神，相互启发共同成长。而如果和错的人讲话，刚坐下来就会感觉"话不投机半句多"，哪怕是意见一致，也总觉得对方好像在刻意扭曲，甚至怀疑会有更大的陷阱在等着自己。

好的关系通过相互支持来放大组织的能量。组织很难规范所有的细节，在各种模糊地带，需要依靠关系的潜在影响来推进工作。在好的关系下，同事们朝着同一个目标努力，彼此信任，目光就能放在待解决的事项上，彼此相互配合、相互补位，相互不计较，事半功倍的场景就出现了。

在组织中常见的，就是上下级关系和平级关系。如果没有理好关系，前者会出现唯上不唯实、报喜不报忧、阳奉阴违等情况，这种关系导致上级无法切实掌握工作动态，难以做出正确的决策；后者则会出现部门主义、部门鄙视链、多做多错不做不错等内耗情况，极大增加组织的内部交易成本，延缓组织反应。

作为领导者，对这两种关系有正确的认知，并将其传递到组织内部，十分必要。

4.2.1　上下级关系：职务代理人

上下级关系最常见，也最容易认知出错。

在这种关系形式中，上级安排下级工作、下级服从上级。这本是应有之义。但有个别人错误地认为这种关系的本质就是"服从"。他们认为，说领导爱听的话，领导就看自己更加顺眼；按照领导说的做，出问题还有领导帮自己背锅；只要是顺从领导，就是"领导自己人"，能得到领导的奖励（加薪、提拔）。这些人当上领导之后，也会以此要求自己的下属"服从"，任人唯亲不唯贤，慢慢地形成了唯上不唯实的组织氛围。

但我认为，上下级关系是由社会分工合作发展而来的，本质上是为了更好地发展生产力，取得更好的结果。如果不为了取得结果，最终组织都会走向凋亡，再服从又有什么用呢？

通过分工，参与分工的双方都得以从事自己更擅长的工作，将自己不擅长的工作委托给对方完成，或者是委托方（上级）选择从事更有价值、投入产出更高的工作内容，而将部分价值较低或者投入产出较低的工作，委托给对方（下级）完成，并根据价值产出来分配双方的收益。在后者中，委托方决定委托的工作内容、检查工作成果、决定双方的收益分配方案，这才逐渐形成了上下级关系。

这种组织中的上下级关系，被称为"职务代理"的关系，下级是上级的职务代理人，经由上级授权，负责代理应由上级完成的部分职务。因此，这种关系决定了下级应向上级负责，向上级交付符合标准的工作成果，而不是因为下级惧怕上级的惩罚，而不得不按照上级的安排开展工作。

这种代理关系的基础是"代管"，且不论该项工作如何开展，首先下级作为上级的延伸，就是上级的手脚、眼睛、大脑，帮助上级负责这部分职务。下级有必要帮助上级掌握该工作职务的全部情况，并及时根据上级需求进行汇报。

有些下级错误地认为，上级的授权好似给他开辟了一个独立的平台，可以任由他发挥，而且可以只留下优秀的工作成果，而"忘掉"不良的经验教训，不用对结果负责。在这种情况下，上下级关系发生了改变。下级有可能利用自己的信息优势，尽可能报喜不报忧，做好"向上管理"，有意识地误导上级的决策，把好的"桃子"收归己有，把烂摊子还给上级。

当这种关系逐渐演变成下级"独立"决策的关系时，职务代理过程就会逐渐失控，转变为寄生下的合作关系、外包关系。新的关系势必导致预期上的冲突，执行过程中就表现为思路上、行为上的冲突。

从这个角度来说，报喜不报忧就等同于选择性汇报，其性质比没有取得预期结果的性质更为恶劣。这个观点，作为上级领导者，需要旗帜鲜明地告诉所有下级，彼此之间的关系是"代管"，下级在得到授权的同时，也必须承担起相对应的责任，且必须向上级负责。

在弄清楚这个代管关系后，上级的授权、授责，以及下级的结果导向等，才有了可延展的着力点。授权授责是基于代管意义的，结果导向也是在上级统筹下的结果。

在辅导实践中，当我们把这层关系梳理清楚后，会发现令人惊喜的变化。下级开始意识到自己工作的意义和价值，明确自己是上级重要的合作伙伴，担负着上级的职责时，下级对上级的抱怨开始减少，焦点从抱怨上级的性格、态度、动机，转移到讨论应该如何理解上级的"职务"要求，自己应该如何协助上级完成他的目标，也就从任务导向转变为结果导向。

4.2.2　平级关系：共创价值的互赖者

高效的左右前后关系，是所有领导者希望打造的理想组织。但现实中对于这左右前后关系的抱怨，一点都不少，甚至比上下关系更让人挠头。

平级协作关系的本质是"协同"或"支持"。协同指的是平级部门之间，面向共同目标一起推进，如商务部门和售前部门、业务部门和技术部门、前端开发部门和后端开发部门、文案部门和设计部门等。协同关系期望实现的是互相扶持、相互补位，以实现"1+1>2"。支持指的是前后台部门之间的合作关系，前台部门包括市场部门、业务部门、服务部门等，后台部门包括财务部门、行政部门、人事部门等。这种关系下，实现目标的直接责任人是前台部门，后台部门往往承担的是间接责任。在良好的支持关系下，前台部门能专注于服务市场和客户，不用过于操心自己不熟悉的后台领域，分工效率高。

但现实情况是，组织总在说协同、支持，其实就意味着组织的协同、支持做得还不够好。就像本章开篇的案例一样，扑面而来的是厚厚的部门墙，而不是可以解除后顾之忧的支持。很多领导者经常说，团队要以大局为重，要有整体观，不要过于计较个人的得失，整体好了大家才能好。道理听起来很美，但现实中，不计较的人、做出牺牲的人，考核得分通常比较低，这种明显的利益冲突只会告诉所有人，做好自己分内之事。因此，各种只扫"门前雪"的部门墙、任务冲突就出现了，而且一定是"公说公有理，婆说婆有理"，在这个层面上是无法说明谁对谁错的。

某种程度上，Y总的心情可以理解，但与其说错在同事，不如说关系冲突。从各个部门的角度，大家的做法都没做错。制度是这么要求的，都是照章办事，方便自己的代价不应该是牺牲他人。因此，表面看起来是简单的任务冲突，其实是在关系层面出现了冲突，并没有实现真正的协同关系。

在处理平级关系上，我有 3 个做法建议，具体如下。

做法一：唯一的共同标准——从"你应该"到"我们应该"

要解决这种问题，必须升维。

机制、任务的背后是协同关系的体现，机制上的冲突实质上是关系的冲突。之所以有关系的冲突，往往是因为缺乏一个明确的价值意义。这个价值意义作为冲突双方的"裁判"，必须是高于冲突本身维度的，同时是唯一、共同的标准，不能是多重标准。

在组织中，很常见的标准冲突就是标准不一致，越大的组织越容易出现这种情况。例如，销售部门以客户为中心，尽可能满足客户的要求，如收款开票、个性修改、灵活排产等；产品部门以产品为中心，关注产品功能、生产效率、降低成本等；财务部门则以合规为中心，严格管控各项流程、审查等。客户需求与产品功能存在冲突，灵活响应与严格管控存在冲突，表面看起来是部门职责的冲突，其实是组织缺乏高维标准的表现。

例如，该组织的最终标准是客户价值优先，则上述 Y 总的案例中，就不应该由 Y 总来推动协调各种采购、合规问题，而应该由采购部门想到快速采购的办法，财务部门找到合规的处理方法。

如果该组织的最终标准是稳健、合规，则 Y 总就不应该设计出框架外的方案，而应该想办法做通客户的工作，管理好客户的期望；或者选择同样稳健的潜在客户，放弃创新需求较多的客户群体。

两种标准都可能有其存在的场景，这里不评价哪种标准更佳。但如果组织中同时存在这两种标准，那冲突就不可避免了。

在现实中，我看到许多组织做岗位职责梳理、组织架构设计时，缺乏这种自上而下贯穿战略的考虑。而是会出于职能考虑、出于分工考虑、出于指标考虑。而在部门内部分解任务时，又都是分散的单线思维，设计出对应指标的流程或机制。按照这种思路设计组织协同关系，从一开始就是错误的，哪怕设计各种约束、考核机制，令多方共同背指标等，也都只是以行动层面的约束来管理行动，背后关系仍旧会冲突不断。

当每个人只站位在自己的岗位职责要求上时，该岗位的要求就是他工作的价值。内控要求没风险，销售要求尽可能提高销量，客服要求全力提高满意度，这种不同视角固然是组织健康发展的必要保障，但如果缺少平衡协调的统一标准，那自然大家都会认为自己的标准才是最高标准。更进一步来看，负责考核权的领导，他的决策就成为隐形的标准，于是慢慢就形成了"唯上不唯实"的组织关系，这也不是我们想看到的。

做法二：主动分享——从"你应该"到"我想要"

虽然各个部门有共同的目标和利益，但实现目标的思路与站位视角还是互不相同的。在做事的方法上，容易回到自己的立场，以自我为中心，习惯性地用自我的方法。这是自然存在的，我们不要有过于理想化的要求。

往常我们会习惯性地说，"你应该"帮助我、"你应该"这么做、"你应该"知道我想要什么……但其实，限于每个人的视角不同，每个人都对对方说"你应该"，于是关系冲突就出现了。

与其在冲突过后抱怨对方不考虑自己的感受，想尽各种办法勉强对方、考核对方，还不如自己想办法改变，主动向外多走一步，说清楚自己要什么，减少双方"揣测""臆想"的空间，可能更容易减少不必要的评价，从而改善合作关系。

从实践上说，建议在组织中发起各种正式或者不正式的交流、分享、反馈，邀请不同部门利益相关者参加。很多时候，跨部门会议，尤其是不太有明确任务目标的跨部门会议，总被认为是浪费时间。但我认为，这种会议十分必要，有助于了解彼此之间的利益诉求，从而更好地以对方的视角思考。

正式的会议形式，可以是总结述职大会，要求必须邀请跨部门的利益相关者参会，并发表意见或建议。非正式的分享，可以是主动将本部门的KPI与工作计划发给跨部门的利益相关者，邀请对方督促自己落地。甚至，可以充分利用好早餐、午餐的时间，和不同的同事一起边吃边聊。不要把吃饭当成小团队的八卦时间，而是把吃饭当成不同团队的沟通时间。

有个以好人缘、高效率著称的二级经理就是这么做的，她告诉我，60%的协调都是在每天的用餐时间完成的，大家有说有笑，在享受美食的同时敲定了不少决策。由此她也得到了切实的利益——可以把大量时间花在剩余的40%的复杂问题上，大大减轻了协调工作压力。

无论是哪一种，都要注意，这种分享不是给利益相关者提建议，也不是给他们派活，而是邀请他们了解自己、给自己提建议。这样做有助于让利益相关者放下防备，真正认真倾听自己的诉求和苦恼，感受到自己想要的到底是什么。

做法三：主动帮助——从"你应该"到"我可以"

除了分享自己的想法，帮助对方理解自己，还可以往前再走一步。放下对对方的执念，放下"你应该做××"，把对对方的期待、要求、考核，变成助力、共创，说出"我可以跟你一起做××"。

既然工作存在交集，那通过自己的行动，帮助对方更好地取得结果，也是一种双赢的办法。而且这种做法还能激活回声效应，促进组织内互助的能量循环。

就像我们面对着山谷呐喊一般，我们向山谷喊什么，山谷就会回应我们同样的声音。如果我们思考的时候，从"如何完成我的工作"，转变为"如何在这件事上，助力对方完成他的工作"，就有助于我们站在对方的角度思考问题，对方也更有可能放下"防卫"的立场，转念帮助我们完成工作。

曾经产品部门天天抱怨销售团队，说销售团队不主动销售他们的产品，也没有获得客户需求、客户反馈。销售部门反唇相讥，指责产品部门的思路固化、不符合客户需求，说明材料晦涩复杂，不符合人性。产品部门和销售部门之间关系紧张。

在一个契机后，其中一条产品线的负责人决定改变自己的做法，放下"应该"的执念，想想自己"可以"做点什么。他开始主动帮助销售团队，以产品的专业视角整理各种解决方案，帮助客户制作年底发展规划等看似免费的服务，这些行动有力地支持了销售团队的市场活动，帮助销售部门拿下了竞争激烈的订单。

逐渐地，销售部门的同事们都倾向于向客户推荐该产品线，也收集了许多客户的建议反馈，该产品线有了明显的优化，产品销量也远超其他产品线。

有个上市公司的总裁跟我说过："我能走到今天，固然因为我的能力和勤奋，但更重要的是我的为人。我经常会帮助别人，别人自然就会帮助我。"

这个说法，我感慨许多。

4.3　厘清岗位职责

职责不清在组织内是个万金油的说辞，有太多的场景都可以与之对应。组织面对的市场环境复杂多变，哪怕组织结构、岗位职责已经设计得相对完善，也不可能对所有场景一一对应，总会存在许多需要灵活协调的模糊地带，职责不清自然是组织内会存在的现实情况。

我并不想在本书讨论这个理想化的话题，而更想根据实际情况，讨论如何在现有情况下，更好地认清岗位职责，理解自己该做的事情，释放出应有的行动效能。

4.3.1　理解岗位设计思路

回想我们如何向新人介绍新的工作岗位？"某某，你负责××、××，这是一份书面的岗位说明书，不会的时候可以再找人问。"

这样的做法很常见，毕竟三言两语讲不清工作细节，而新调任的人尚未躬身入局、具体开展工作，怎么介绍都没有切身感受，也没必要浪费时间讲太多。

但是这种介绍方式，让新人很难真正理解岗位设计背后的思路。每个职责都是什么作用，相互之间有什么关联，只靠书面上高度精练的材料，是无法理解那个关键点的。

当新人无法理解岗位价值时，就会停留在对任务的认知上，了解自己的任务是什么，对应的执行动作该是怎样的，对应的指标是什么。于是，"任务导向"的行为方式就出现了。

> 某公司客户体验部的岗位职责包括"处理客户投诉，改善满意度"，以及"拓展新客户"等多个职能。按照大部分员工对此的理解，前者是接好投诉电话，妥善处理客户投诉；后者是打好营销电话，销售公司产品。能够把投诉电话按照要求接好，能够按照销售话术打好电话，就是他们的主要任务。
>
> 前者是客体部的老本行，大家做得顺心顺手。但拓新指标总是完不成，他们并不擅长陌生销售，销售电话照本宣科，反正把电话打了，任务就执行了。至于指标是否完成，那真得靠天吃饭，谁也不知道销售对接的客户是否需要公司产品。
>
> 在指标压力下，管理者唯一做的，就是要求他们更加勤奋地呼出电话，每天要完成 200 个外呼电话，有效电话 120 个……
>
> 这不就是任务导向吗？只关注"做了"，不关注"做到"。

我认为员工任务导向的原因之一在于管理者，管理没有做到位，员工不知道应该有的结果是怎样的，梳理不清楚工作逻辑和工作路径，自然无法做到"结果导向"。

如果团队认识到，这两个职责相互是有紧密关联的，之所以让客体部也有拓展新客户的职责，其设计思路是通过"服务营销"来挖掘客户，在投诉服务的过程中寻找营销的商机，就能发挥出服务的价值。团队就知道该往哪些方向思考，该怎么开展、努力了。

> 还是同一个公司，换了个新领导。
>
> 这个领导专门和团队开了一次会议，说明并研讨对岗位设计的逻辑思路，将此工作的焦点，聚焦到如何寻找服务过程中的营销触点，如何通过服务寻找客户痛点。这样效果也很明显：不仅彻底解放了团队的生产力，

还创下了从 8 元月套餐的投诉，引导升级为 389 元的月套餐，ARPU 提高了 4500% 的纪录。

事情经过是这样的，有个客户呼入电话投诉，他使用的是 8 元的月套餐，但这个月扣费 100 多元，客户严重质疑统计有误。经客服人员检查发现，该客户的这张号卡绑定的是当地一个高档小区的宽带，语音通话费用为 0，而当月流量费却接近 100 元，这是怎么回事？她敏锐地察觉到，这可能是双卡用户，而且是一位有购买力的高端客户。她试探性地做了询问，验证了自己的判断，客户另外有一张竞争对手的号卡作为主力卡，本张 8 元的卡只是宽带绑定的号卡，用于临时没信号时救急使用。

客服人员在做情况解释的同时，一直在留意客户的反馈。突然，她听到客户周边隐约有汽车鸣笛声，顺藤摸瓜，她了解到客户经常开车到周边城市做生意。该公司和当地的石油公司有合作加油权益，于是，客服人员详细帮助客户计算了加油充值和折扣权益，帮助客户详细计算通信、流量、加油等综合费用，为其推荐最合适的 398 元月套餐。对客户来说每个月节约近 58 元，对该公司来说 ARPU 提升了 390 元。

同时，该套餐包含了 1500 分钟语音和 380GB 的流量，远超客户每月所需，可以预见本卡将成为客户的主力用卡，变相地削弱了竞争对手的 ARPU。

一次投诉转为一次挖抢策反，该客服人员完美诠释了服务营销的意义，也为团队树立了很好的榜样。

同一个团队，在调整了对岗位职责的认知、采用了新的工作思路后，营销业绩实现 300% 的提升，行动效能得到释放。

除了理解岗位设计思路，还可以进一步升维岗位的结果导向：从本岗位结果导向上升到组织结果导向。我们再来看一个案例。

某公司经常将各种项目制作成短视频，通过互联网进行传播，为此公司设置了品牌宣传岗，负责管理各类宣传资料。

从本岗位的结果来说，品牌宣传主管负责在最佳时效内产出最精美的短视频，有助于公司品牌建设。为此，她精心雕琢每个视频，精益求精。从本岗位的要求来说，她已经切实做到了结果导向。

但随着公司项目的不断增多，越来越多的视频制作要求压在她身上。视频产出速度下降，视频的质量也在下降，结果已经不再符合她的期望，令她十分苦恼。

从任务导向来说，她只需要按照时间要求，产出对应的视频即可，至于视频传播的结果如何，则不在其考虑范围内；从岗位结果导向来说，她为了确保视频的质量，或许需要增加本部门人手，以确保视频的品质稳定如一。但品牌宣传主管深入思考后，发现当升维自己的视角时，发现了不一样的收获。

由她产出高质量的视频只是该岗位的结果之一，但还不是理想的组织结果。理想的组织结果应该是从公司的角度，能够产出及时、高质量的项目视频。如果能够赋能组织小伙伴，调动大家的力量，共同来完成这个结果，不是更好吗？

于是，她从自己制作视频，转而开展组织内部培训，如何搜集素材、如何选择模板、如何剪辑视频等。她的精力，从亲自剪辑视频转变为指导、帮助小伙伴制作视频。同时，她与交付、运营部门制定了联动机制，确保每个优质的项目，都能够在最短时间内产出视频。经过 3 个月的调整，小伙伴们都具备了视频制作技能，视频产出速度从每周 2 个，提升至每周 5 个，很好地加强了公司的品牌宣传工作。

客户说，我见过许多公司会发宣传视频，但能够这么高强度、持续地发视频，只有你们一家公司。我相信能够这么坚持的公司，为我提供的服务一定是有保障的。

这就是将岗位结果导向，上升到组织结果导向带来的行动增效。

4.3.2　别把领导做成了下属

下属敲门进来找你，他说："我能不能和您谈一谈？我碰到了一个问题。"

于是你放下手上的事，听他细述问题的来龙去脉，一聊便是半个小时。你发现这已经耽搁了原先你正在做的事，于是你说："我现在没时间和你讨论，让我考虑一下，回头再找你谈。"下属没有得到你的答案，转身走了。

过了半天，下属又来了，"领导，上午我请示您的那个事，我该怎么做比较好？"你刚处理好一堆琐事，还没来得及思考，于是你又跟他说："我可能需要找几个人了解更多的信息，回头告诉你。"

各位读者，请问完成这件事情的责任在谁身上？这是下属的职责，还是领导的职责？下属请示完领导后，可以安心地回到工位上了，因为已经汇报给了领导，而领导还没有指示。如果这个事情完成不了，是领导的责任还是下属的责任？这种职责不清来自领导者，也是十分常见的情况，越是业务能力强的领导，越容易掉进这个陷阱。

威廉·安肯三世在《别让猴子跳回背上》一书中把这个职责称为"猴子"。他认为，猴子会在不经意之间跳走。猴子原本在下属的背上，在汇报时猴子的两脚就分别搭在下属和领导者的背上。当领导者表示要考虑一下时，猴子便转移到了领导者的背上。领导者在不知不觉中接住了下属的角色，而下属则变成了"监督者"，他会隔三差五跑来问领导者："那件事考虑得怎样了？"

领导者一旦接收下属所该看养的猴子，下属就会以为是领导者自己要这些猴子——要审批、要监管、要指导、要把控等。因此，领导者收的越多，下属给的就越多。于是领导者饱受堆积如山、永远处理不完的问题所困扰，甚至没有时间照顾自己的猴子。

所以，我们会看到有一些领导者，每天好像都很忙，每天都在帮助团队协调各种问题，表面看起来是带领团队攻坚克难，其实是领导者"错位"下沉，做了下属该做的工作。而应该由他亲自完成的，诸如代表团队链接内外部资源、思考团队战略设计和路径规划、制定团队规则、培养团队能力等"重要不紧急"的工作，就被掩盖在着急救火的工作之下，日复一日地拖延过去。领导者把精力都用在了一些不该摆在第一位的事情上，而让自己的要事打了折扣。

经理人应该将时间投资在最重要的管理层面上，而不是养一大堆别人的猴子。身为经理人，如果你能让员工抚养他们自己的猴子，他们就能真正地管理自己的工作，你也有足够的时间做规划、协调、创新等重要工作，让整个组织持续良好地运作。

该如何做到这一点呢?

1. 明确职责和目标，共同行动

首先，领导者要有清醒的认知。知道自己的职责和下属的职责分别是什么，要尽可能提醒自己不要参与到下属的职责中。如果下属完全无法履行该职责，领导者要思考的是职责的重新划分，而不是亲自下场帮助下属完成。

其次，授权和授责。这两个词要合在一起看，有些领导者大胆授权，却没有授责，于是下属享受着开展工作的权力，却没有责任压力，"佛系"工作；有些领导者只授责不授权，锅都是下属背，工作都要自己决策，于是下属逐渐丧失动力，等领导指示再办，尽可能往外推责。无论是前者还是后者，下属都无法养好自己的猴子，最后当然由领导者为结果买单。

最后，共同行动。领导者只应该在下属带着思路、解决方案的时候，和下属共同探讨、决定下一步该怎么做；而不是在下属没有思路、没有方案的时候，自行决策和行动。

领导者可以跟下属说："任何时候当我帮助你解决这样或那样的问题时，你的问题都不应成为我的问题。你的问题一旦成为我的问题，那你就不再有问题了。我不会帮助一个没有问题的人。""这次面谈结束后，问题应该由你带出去。你可以在任何约定的时间向我求助，然后我们可以共同决定下一步谁应采取什么行动。在偶尔需要我采取行动的情况下，我们俩要共同决定，我不会单独采取任何行动。"

2. 教下属，而不是帮下属

如何面对下属的问题呢? 领导者要学会教下属，而不是帮下属，这里提供 3 个方法。

（1）问好问题

领导者要善于通过提问的方式，帮助下属梳理思路。下属缺的是开展工作的思路，而不是具体的行为方式，从某个角度来说，下属的行动可能比领导的建议更接地气，此时领导非但无法指导下属，甚至可能失去下属的信任。

领导可以询问下属的问题包括以下几类。

- 识别的问题。例如，当前的目标是什么？你的策略预计实现的结果是什么？与预设目标的区别是什么？我们完成的是任务，还是能够实现任务背后的预期成果？

- 解决思路的问题。例如，你的策略是否能够实现目标？你计划中的侧重点是什么？关键杠杆解是什么？

- 解决保障的问题。例如，你需要什么样的资源？这些资源现在处于哪里？你会通过怎样的行动来获取资源？

- 风险的问题。例如，你的策略可能存在怎样的障碍？这些障碍通过什么方式来排除？排除这些障碍有哪些困难？目前进展是否符合预期，如果不是的话，有什么方法可以调整并加快进度？

（2）提供赋能

如何赋能下属？领导者至少要做好"五给"，既要赋能力、还要赋能量，既要教会下属如何开展工作，也要教会下属如何思考工作，还要为下属顺利开展工作提供支持。

- 给信息。给下属足够的背景信息，指导下属从信息中提炼出关键思路，训练下属的总结思考能力。

- 给模型。给下属解决问题的模型，帮助下属将执行步骤梳理得更有条理，训练下属的概念能力和框架能力。

- 给案例。过于抽象的指导是不够的，还需要给下属对应的案例，帮助下属快速掌握理论知识，具备学以致用的能力。

- 给资源。受限于能力，下属完成某项工作，可能需要更多的资源，领导者要识别出下属所需要的资源，并精准提供。资源过多会干扰下属的思绪，资源过少又会束手束脚，如何给到位是领导者需要把握的。

- 给信心。上下级永远存在评价的关系，如何帮助下属尽可能减少固定型思维、是否做对了的影响，将视角转向成长型思维，追求个人进步和组织进步，就需要领导有意地给予信心，经常性地鼓励（而非表扬）。

（3）做好升维

经验总结会是大型组织的必备流程，但做好经验总结可是个技术活。既不能拔得过高脱离现实，也不能形式主义照本宣科，很多时候的经验总结，会变成把执行动作梳理成标准操作规程（SOP），梳理出工作流程、管理办法，就大功告成了。

这当然是经验总结的重要环节，但我认为还可以再往前走一步。

知其然，更要知其所以然。经验总结的关键点在于"所以然"。如果没有知晓背后的逻辑，简单的工作流程管理反而可能对未来的工作开展形成阻碍。因此，要提高组织未来的行动效能，经验总结时的升维就非常重要。这事必须由站在更高维度的领导牵头完成。

升维时要有意识地、花费大量时间来研讨这 3 个点，切勿匆匆划过，快速调到执行层的总结。

- 讨论岗位如何为组织创造价值。各个岗位职能都是组织价值的细分承接，本岗位与组织的哪部分价值有关联，如何通过直接、间接的方式来创造价值，是需要经常回顾的。这是领导者帮助团队抬头看路的有效抓手。在实践中，这个问题其实很难回答，我参与的团队辅导中，有 80% 以上的团队无法清楚回答这个问题，甚至有些领导自己都回答不清楚。而一旦沟通清楚，就能为团队注入来自组织的能量，帮助团队提高使命感、责任感和归属感。
- 讨论本岗位是如何发挥价值的。抽象地讨论岗位设计逻辑、岗位工作价值，只能给团队带来表层的认知。要形成深刻的理解，还需要通过实践体会。每一次经验总结就是很好的升维机会，将工作中的具体行动与岗位创造价值的逻辑相印证，就像学生做练习题一样，能够有效提升岗位价值认知。

- 讨论未来如何创造更大的价值。这个话题是对当前工作的延展性讨论，经验总结不应该局限在当前事项，可以升维到岗位价值层面，把"如何把这个工作做得更好"，升维成"以此为例，还能做哪些事来创造更大的岗位价值"。虽然不一定有结论，但这样的问题可以帮助团队深入思考，形成工作事项与岗位价值关联的习惯，未来就更有可能出现新的创造。

4.4 该管管，该放放

如果不想背下属的猴子，领导就要指导好下属如何喂养好自己的猴子。但是，如果指导不当，也会影响整个团队的行动效能。领导者如何进行恰当的干预，帮助团队保持在高效的行动效能水平呢？我认为需要做好三点，其一是找准干预的重点，其二是采用匹配的领导风格，其三是改变注意力的方向。

4.4.1 找准干预的重点

这是一个勤奋的领导，最早到公司，最后一个走，每天都在帮助团队解决各种问题。这是个好领导吗？只能说这是个能够并肩作战的领导，好则不一定。

因为他虽然带着团队整理了无数份材料，不放过任何一个机会，但投标却如泥牛入海，杳无音信。团队都很沮丧，感觉没有重点，像无头苍蝇一样乱转，而且没有产出。

干预重点一：朝着目标，抬头看路

埋头努力拉好车，是执行团队的主要任务。领导的主要任务是抬头看路。领导者要有意识地在提供帮助之前，先回顾好目标，扮演好领航员的角色。

有一个市级公司的市场副总经理问我，最近市场压力很大，我每天都亲自拜访 2 位重要客户，还开始陪同团队走访潜在客户，晚上带着团队制作解决方案。既然市场不好，我就要求团队逢单必夺，不放过任何一个机会，虽然人累得够呛，但是业绩没有太大起色。这该怎么办？

我问他，你认为改善业绩的核心抓手是什么？是市场覆盖不足，需求把握不精准？是服务意识不足，客情关系不到位？还是专业能力不足，服务品质不到位？原来市场蓬勃发展，有些问题会被掩盖。当市场开始内卷时，团队努力的主要方向是什么？

这个副总一时无语，他从来没想过这个问题。他一直认为，只要自己努力努力再努力，天道酬勤总能有好的回报。但其实对于领导者而言，用战术上的勤奋来掩盖战略上的懒惰，是最大的错误。

干预重点二：资源配置

"巧妇难为无米之炊"，资源配置不到位的话，再强的团队也难以实现预定目标，或者说难以高效地实现预定目标。

好的状态，是团队在有充足的粮草弹药的支撑下，高效地为客户提供服务。若团队经常花费时间在争取资源、协调资源、发愁资源上，那往往是陷入了"内耗"的境地——要么 KPI 设置不合理、要么工作脱离了主要价值链、要么流程管控不恰当、要么管理机制不具备激励性等，都值得领导者高度警惕。

领导者作为团队的代表，负责链接、调配内外部资源，要经常关注团队资源配置情况，必要时及早介入干预。

还有一种资源配置的不良情况——配置过剩。资源并不是越多越好的，资源多于目标要求的话，就会出现"懒人"，团队缺少紧迫性，也没有创新的动力，长此以往团队就会变成只靠资源而生存，丧失了市场竞争力。这在一些具有垄断性质的大型组织内较为常见，当市场压力变大时，团队经常抱怨资源不够，没法开展工作。或许并不是因为这些，更深层次的原因在于团队能力不足，这跟领导过往的资源配置方式有关系。

4.4.2 采用匹配的领导风格

有个新任的领导，从分管集客业务调整到分管网络建设，他原来并没有相关的网络经验，希望尽快掌控好业务和团队。

一开始，他要求网络部门的员工每天都要向他汇报工作，并给出一些建议（指示）。但由于对网络建设并不熟悉，这些建议经常是从集客市场的经验出发的，不适合工作现状。团队成员都是10余年的老员工了，本来工作驾轻就熟，这么一来反而束手束脚，不知道该怎么开展工作为好，业务不仅没提升，上下级关系也日趋紧张。

后来，他发现直接的指示影响业务，甚至还会被团队直接顶回来，就决定换一种方法。他不再直接给指示，而是通过提问的方式，希望启发思考。团队成员更懵了，工作该怎么开展不是都汇报过了吗？怎么还问我的想法？是不是回答不符合领导心意，让我们重新再"错"一遍？团队不仅没从提问中得到指示，反而感觉领导不支持，还总阴阳怪气地找茬。团队士气开始涣散，摸不着头脑。

这位领导感受到了团队的沮丧，决心改变自己，不再过多参与业务。于是他开始授权团队自行决策，他只关注结果。可是，这么一来更糟糕了，团队已经习惯了他的干预方式，领导的授权在团队看来，变成了"领导不想管事，只推给我们"。团队士气进一步崩溃了。

这位领导没有根据团队的实际情况，采用了不匹配的领导风格，反而对团队造成了伤害。行为学家保罗·赫塞博士在《情境领导者》中提出，领导者应随组织环境、个体状态而改变领导风格及管理方式。领导者若要实施有效的管理，就必须善于区分和把握被领导者当下的状态。

这个状态我们称之为"准备度"。"准备度"由能力和意愿两个部分组成。能力是其在某一项特定的工作或活动中所表现出的知识、经验、技能与才干。意愿是指其完成某一项特定的工作或活动而表现出的信心、承诺和动机。准备度是针对特定的工作或活动而言的，同一个人有可能在不同的情况下，体现出不同的准备度。

经过大量的实证研究，保罗·赫塞博士发现，按能力和意愿的高低程度，同一人常常表现出 4 种不同的准备度水平。

- 准备度水平 1（R1）：能力低、意愿低。
- 准备度水平 2（R2）：能力低、意愿高。
- 准备度水平 3（R3）：能力高、意愿低。
- 准备度水平 4（R4）：能力高、意愿高。

根据不同的准备度，领导者应该采取不同的领导风格，这叫作"情境领导"。

对于 R1 水平的人员（能力低、意愿低），领导者需要采用"指令"的领导风格，给予下属"要求"。例如，对于新人而言，能力不足、对自己也没有足够的信心，就需要领导者为下属提供明确的指导，明确要完成什么样的目标以及如何完成，然后进行严格监督。他们甚至会认为领导者过多的支持性行为是在浪费时间，反而削弱行动力。

对于 R2 水平的人员（能力低、意愿高），领导者需要采用"指导"的领导风格，给予下属"策略"。处于这个准确度水平的人员有较强的工作愿望，只是工作能力仍需要提升。因比领导者可以通过明确工作要求规范其工作行为，甚至直接帮助下属做决策。只是在过程中，领导者会做出更多的解释，以指导的方式带着下属学习、成长。

对于 R3 水平的人员（能力高、意愿低），领导者需要采用"鼓励"的领导风格，给予下属"力量"。下属已经有较高的工作能力，能够相对顺利地完成工作任务，领导者将日常事务的控制权交给下属，和他们讨论并征求意见、鼓励下属更有自信地开展工作。这种方式既有利于促进问题的解决，还有利于通过传递力量感，帮助员工提升工作责任感和工作信心，获得更高的行动效能。

对于 R4 水平的人员（能力高、意愿高），领导者需要采用"授权"的领导风格，给予下属"信任"。领导通过这种方式，使员工有很强的自信和动机来完成任务。授权型领导者会较少参与计划制订、细节控制以及任务说明。

一旦就所需要完成的任务达成了共识，这类领导者会放手让员工独立去完成任务，同时也减轻了自己的负担。

在领导团队的过程中，"一招鲜吃遍天"的情况是不存在的。如果领导风格不够灵活，团队就容易匹配出单一的行事风格。例如，如果领导者偏向于指令型的领导风格，那团队中就很难成长出能力高的成员，因为他们习惯接受领导明确的指令。同时当他们发展到能力高、意愿高的准备度水平时，就会因为领导者不够"授权"、过度"指令"而产生关系冲突，导致该成员退回到"能力低、意愿高"的状态，甚至会连带着降低意愿。

单一风格的团队只能应对某些特定的简单事务，难以承接困难的复杂任务，行动效能提升的天花板很明显，不利于团队的持续成长。

4.4.3　改变注意力的方向

除了例行的团队能量管理，在团队能量出现波动时，领导者也要及时介入干预。

当工作开展不顺，出现了许多的障碍、困难时，团队能量就容易出现波动。可能是客户需求变了，也可能是公司流程变了，还可能是供应商配合不到位等，不管是什么原因，经常看到团队成员唉声叹气，"这个工作好难啊，到处都是问题！"

常见的领导者干预的方式，是跳进来帮助团队。不管是前文所述的指导、提问，是直接上手帮助，还是当好啦啦队为其鼓劲，都只能解决一时之困。因为问题是解决不完的，处理了老问题，还会有新问题冒出来，如果团队面临挑战时，容易陷入能量溃散的低谷中，那这个团队是走不远的。

在提供这些帮助之前，领导者有一个关键的干预动作，就是改变注意力的方向。

注意力在哪里，能量就在哪里，如图 4-1 所示。我们都有这种经验，骑行的时候，如果视线盯着远处的方向，骑行的时候就不会那么紧张，自然就往那个方向骑过去了。而如果视线盯着近处的某个小石子，心里默念着千万不能撞上去，车子就会很神奇地直直冲过去，哪怕那块石子再小也会压上。这就是墨菲定律。

将其应用在团队管理中，也是一样的道理。

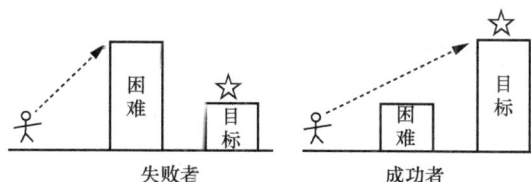

图4-1　注意力在哪里，能量就在哪里

如果盯着眼前的困难，困难会被放大，让人感到更加无力，丧失行动的能量。

领导者要将团队的视线，从困难重新聚焦到目标上，在正视困难的同时，寻找完成目标的新方法。在这个过程中，困难对能量的影响会被削弱，在头脑风暴、创新尝试的过程中，团队能量会得到提升，团队凝聚力也会得到增强，最终完成目标的可能性也大大提高。

哪怕最终的目标没有实现，团队仍然能从挑战的过程中收获成就感，收获经验教训，团队能量仍旧会维持在较高的水平，足以迎接下一个挑战。

4.5　让行动发生

没有行动，任何规划都是水月镜花。只有真正落实到行动上，效能才算开始体现。我经常听到一种说法："我已经跟他说了，强调过很多遍，怎么还是没有动作?!"领导者讲得义愤填膺，仿佛对下属恨铁不成钢，马上就要去追责下属。

但我认为，这样的说法，恰好体现出这位领导者的"推责""不够担当"。对于团队来说，领导者就是团队的第一责任人。在行为落实过程中，领导者就是那个主动让行动发生的人。领导者如何让团队能够积极主动地行动，而不是阳奉阴违、推三阻四，也是领导者工作成果的体现。

之前我们讨论过工作意义、团队关系等冰山下的隐形部分，此处想和各位读者聊一聊冰山上的具体策略，希望有所启发。

4.5.1　把主动权还给对方

人大多不愿意被改变，除非自己想改变。人大多不愿意被强迫做事，除非他自己想做。人大多希望选择对自己有价值、有意义的事（此处的评价人在于自己，而非他人），并愿意为此付出努力。

因此，让行动发生的第一个重要因素，就是把行动的主动权交还给对方。

我曾经扮演了孩子的"日程表"，事无巨细地提醒孩子下一步该做什么。现在该去洗澡了、现在该去吃饭了、现在可以休息了、现在该做作业了，但只有提醒孩子去玩的时候会得到积极配合，其他事情无一例外的，需要经历艰难的"拉扯"，哪怕我看孩子已经困得不行，提醒她去睡觉的时候，她也会跟我说不睡！

后来我改变了策略，我告诉孩子，只要她自己做好计划并和我沟通一致，我就会支持她的日程表，让她自己安排自己的时间。孩子感受到了自由的"呼唤"，很开心地列出了计划。

接下来，我就变得极其轻松。我只需要在计划到点的时候，提醒一下孩子，孩子就会立马放下手上的事情去落实，嘴里还念叨着："对，到了该××的时间了。"如果手上的事正好做了一半，她也会在得到我的同意后，尽快完成手上的事情，然后快速投入既定计划的安排中去。

我把这个发现应用到了团队管理中，曾经我是这么安排工作的："小陈，这个方案需要在周四做出来，你辛苦一下，考虑周全。"小陈也经常回应我，他手上已经有很多工作，这个方案的难度很大，需要很多思考。

然后，周四要么无法提交方案，要么就给我一份粗制滥造的方案。这让我不得不每次安排工作时，都预先考虑好小陈修改的提前量，提早两天要求他完成。但时间一长，小陈也发现了这个规律，提交的方案就会拖两天再给我。我们就像在猫捉老鼠一般。

后来我换了沟通方式，我告诉他："小陈，我们整个团队运作半年的关键项目，已经全部协调好了，目前"万事俱备，只欠东风"——这份标书，我们需要在下周三提交这份材料，过期作废。其中你的模块很重要，你看什么时候可以提交给我？"小陈仔细看了看自己的行事历，告诉我："这个事情这么关键，需要万无一失，可不能在我手上出问题。到时候，各个模块的方案组合在一起，还需要统一捋一遍才行。这样吧，我周一就把材料给您，这样如果有需要修改的，周二还来得及调整。您看可以吗？"

当然可以了！

4.5.2　从小行动到大行动

有些人，非要想明白了，才会开始行动。在想明白之前，他会很纠结地考虑各种风险、障碍，希望找到一个万全之策。其实这是心里缺乏安全感，担心没有做好准备，事到临头措手不及而犯错。所以非要想到彻底、想到清楚，说服了自己才肯开始行动。

只是，事情总归充满了变数。执行过程中常常有突发情况，这些突如其来的障碍，也会成为新的挑战，令他的行动再次延缓下来。因为整体规划需要重新设计、重新想明白……

人们会因为先看到了成功、感受到了成功，然后就愿意更加投入其中，获取更大的胜利。《冰山在融化》一书提到的"变革八步法"，其中一个秘诀就是帮助团队"积小胜为大胜"。

受此启发，领导者可以就此费点心思，帮助团队把目标不断拆解、缩小，将远处的愿景转换成当前触手可及的鲜果，带着团队获得"小胜"，如此就能促动团队迈出最艰难的前几步，主动投入挑战"大胜"。

小李原来是负责客体的区公司经理，年后转为负责宽带业务，尤其是策反宽带用户。虽然在处理客诉的时候多少有所了解，但大面积地冲向市场中拼杀还是头一回。

她总觉得压力巨大，很焦虑。因为她认为自己的专业能力还不足，没办法及时回答客户的疑问，更别提说服用户了，所以她迟迟不敢走出门去拜访客户。但从实践上来看，如果没有经常和客户在一起交流，专业能力是很难通过书面学习来提高的。这就进入了恶性循环。

后来，领导将她的工作调整为宽带义诊，要求她通过义诊收集客户信息和痛点。说服客户难度较高，改为免费的宽带义诊，简直太轻松了。而且这样就能用上小李之前在客体部的经验，她非常了解那些会引发客户投诉的痛点，基于此开展宽带义诊，一抓一个准。

小李很快卸下包袱，轻快地拿起电话约访客户了。

结果恰如领导所料，小李在宽带义诊的过程中，很快地了解了客户的真实情况，也对应地提升了自己的技能，在义诊期间竟然还顺利说服了一位客户。通过一个月的义诊，小李告诉领导，可以不需要义诊，她也知道怎么上门营销，如何加快落单了。

4.5.3　风筝上的线：提示和检视

生活中充满了提示，每天起床的闹钟，偶尔振动的手机，银行发来的账单，都是提示。

B.J. 福格在《福格行为模型》中说，行为发生的三要素之一，就是提示（Trigger）。我们需要通过一些提示，才能促动自己。因此，提示是个正常的工作方式，是很重要的协调工具。但是领导者如何用好提示工具，也是个常见的小难题。

因为对于领导者而言，和"提示"类似的，还有"检视"，这让领导行为变得更复杂了。

此处的"提示"，就是字面的意思。领导者作为一个同事，非正式地提醒员工，可以做点什么事。这种提示更像是一种建议、提醒，员工可听可不听，不带有强制性，往往也不会因此加以考核。

而"检视"，是带有强制要求的领导行为。人们可能不会做被提示的事，但基本上都会做被检视的事。通过检视的环节，领导者以正式的方式了解工作进展，可以帮助团队及时调整工作排序，明确工作重点，提高团队紧迫感。

难就难在这，出于对领导者的尊敬，领导者的提示也很容易被误解为检视。因为领导者既是上级又是同事，领导者在发言的时候，下属很难区分领导者在以什么身份说话。这时候就容易给团队造成混乱，有些看似随口一说的提示，到底听还是不听？会不会被追责？

因此，要么领导者和团队要达成默契，双方明确知道什么是提示，什么是检视；要么领导者要学会闭嘴，再也不能以平级同事的方式张口就来，自己该说点什么心里要有数。

同时，还有一个关键要点需要注意。检视的目标在于及时更新里程碑、及时发现问题，而不是为了考核追责。因此，检视要以鼓励为主，认可团队目前取得的成绩，帮助团队建立信心。而对于没有做好的部分，尽量不要采用批评的方式，建议采用面向未来的做法：将自主权交还给对方，要求被检视人提出如何能够做得更好的计划，并作为下次检视的内容之一。

4.5.4 透明公开，提示无处不在

某个行动发生，仅靠当下的促动，不管是领导沟通、行为拆解、定期检视等，还是机制、考核、表彰等，都会有较高的管理成本，是难以持续的。要推动团队持续发生改变，持续保持高效能的行动，就需要寻找一种可持续驱动的动力来源。

内驱力的影响因素中，有一个类似于外驱的因素——关系。人是社会性动物，关系对人的行为有着较大的影响。换句话说，人们具有从众行为，个体在受到群体精神感染式的暗示时，就会产生与他人行为相类似的行为。与此同时，不同个体之间又会相互刺激、相互作用，形成循环反应，从而使个体行为与大多数人的行为趋向一致。

所以，塑造众人行动的氛围，可以是很好的动力来源。我经常使用以下 3 种做法。

（1）公众承诺

在公众面前把设定好的目标大声说出来，可以是专题的大会，也可以是在总结会上的专题模块，关键就是所有承诺人、依次上台、面对其他同事做出承诺。

对于承诺人来说，已经与眼前的公众群体建立起隐藏的链接。对于所有人来说，承诺就是行动的开始，能够更好地链接到利益相关者。把自己的工作目标完整、清晰地展示在同事面前，有助于加强利益相关者之间的沟通，更有利于调动利益相关者的力量，为自己做出恰当的提示。

（2）上墙上桌

把组织或者团队的重要目标、关键要素、KDI等制作出来并挂到墙上的显眼处；把每个人的工作路径、关键要素、KDI、公众承诺等行动内容，打印出来放在工位显眼位置。

上墙上桌的细节内容，虽然不一定每个人都会详细看，但它一定会让每个人的周边都有一种行动的紧张氛围，时刻都在提示自己，也在提示身边的人，要将重要事项付诸行动。

（3）群内打卡

由领导者发起，甄选当期重要的工作事项，在工作群内打卡检视。

领导者带头打卡，带动身边的人参与打卡，从而逐渐影响团队全员参与。打卡有以下几个注意点。

- 创造氛围。打卡的目标很简单，就是创造出集体氛围，别无其他。打卡应该是轻松、简单的，因为只有简单的事才容易完成，才容易快速形成势能。但有的领导把打卡变成了跟进工作的方式，要求团队打卡汇报工作，每次打卡都要写很长一段问题，打卡变成一种很正式、很复杂、压力很大的事项。这非但不能形成正向的行动氛围，还增加了团队的工作压力，这就本末倒置了。

- 聚焦关键。只有关键的事项、关键的行动，才需要调动团队氛围来加强提示，才需要用打卡来创造氛围。如果所有的事情都是重点，也就意味着没有重点，反而会导致团队四处打卡，疲于奔命。

- 定时习惯。定时定点才有利于形成习惯，习惯才能形成氛围。通过工作群打卡的方式，要注意规范打卡时间，个人的打卡间隔最好控制在 2 小时内。领导者可以根据实际情况，选择上午上班时、下午上班时打卡，以利于运用氛围的力量，促动接下来的工作。个人并不太推荐晚上下班时的打卡，因为很容易变成当天工作汇报，打卡时形成的团队氛围既无法对当天已经结束的工作安排提供助力，也无法持续到影响隔天的工作开展。

- 汇总闭环。工作总要闭环，打卡也不例外，凝聚起来的势能假若没有约束边界，就很容易消散在空气中，时间一长就会变成靠自觉的行为，打卡演变成形式主义。但是打卡作为创造氛围的工具，也不太适合运用考核——本来考核也已经够多了。我认为，打卡既然从创造从众氛围开始，也可以把群体压力作为闭环。具体做法也很简单，定期汇总打卡数据，公开呈现，同时要求未达到要求的同事做出说明。每个人都能看到，自己打了多少次卡，其他人打了多少次卡，将数据透明在团队面前。此时自然就会形成一种群体压力，为了下次不再被点名说明，自己也会更加上心打卡，毕竟打卡是个"轻松、简单"的举手之劳而已。

看似简单的做法，效果却不错，以下是某位学员改进打卡方式后给我的反馈。

> "老师好！
>
> "近一个月，对照部门及个人改变之轮（改变之轮的含义详见第 5.3.7 节），收获不少，感触也很多，汇报如下。
>
> "一是有利于工作聚焦，能结合改变之轮提炼的内容找准（打卡）重点，促使工作时能集中精力完成重要事情。

"二是改变之轮上墙张贴，抬头可以看见，转身可以看见，在它映入眼帘的时刻，就会提醒自己，不能干的事情要立马停住，继续干的事进度如何。

"三是能促使部门员工更加团结，齐心协力解决短板指标，工作重点以公司'12345'发展目标为中心，时刻盯着项目进度和考核指标，更加有利于部门绩效目标达成。公司在4月的省公司工程线条考核中排名第五，提升8个名次。"

第5章

创设环境，耳濡目染的能量

领导者、文化、战略、行动，我们在常见的工作界面，都分别讨论了对应的能量管理思路和做法，据此落实的读者们，应该能感受到在不同的"泉眼"里，已经冒出了涓涓细流。相信假以时日，这些涓涓细流将汇成日夜不息的河流，成为组织源源不断的动力来源。

但这些还是以单点的视角在观察能量，本章计划把视角放大到更广的边界，从整个组织环境的角度来流转能量。为了实现能量的长久持续改善，组织要创设出能量流动的增强回路环境，以助力各种不同能量相互融会、贯通、共振、彼此加强、持续成长。

5.1　降低能量管理成本

领导者有办法在短期内，逐一提升班子、文化、目标、行动等能量，但没办法长期持续地亲自盯着，这种管理成本是任何组织、任何领导者都无法负担的。

所有的能量，都会出现熵增。这个物理学概念同样适用于社会学和组织学。任何的制度、规则，在运行一段时间后，就会出现各种问题，组织能量也不例外。

如果没有得到妥善的照看，能量会趋向于混乱，每个人、每个团队都会演化出自己的能量规则，并表现为流程、机制上的冲突，重新把管理者拉入具体的任务泥沼中。

因此，寻找一种能够促进能量在轨道内自发生长，不断实现自我增强的方法，就特别重要。这种方法就如同能量背后的能量，它不仅要推动前述 4 种组织能量的有序发展，还需要从整个组织系统的角度，令 4 种能量共振、增强。

《第五项修炼：学习型组织的艺术与实践》作者彼得·圣吉的老师，德内拉·梅多斯在其著作《系统之美：决策者的系统思考》中提到，任何系统都包括 3 种构成要件：要素、连接、功能（或目标）。在短期内，组织的要素、功能（或目标）是难以变化的，要实现系统性的改善，或许可以从优化连接方式入手。

于是，我们把目光投向了组织环境。组织环境既包括硬件环境，也包括软件环境，环境就如同容器一般，将组织的所有要素囊括其中，与所有要素都有着连接。换言之，环境为组织提供的是全范围、持续性的作用，环境的任何变化，都会影响组织中的所有人、所有能量。

实践证明，调整好组织环境，是个具有四两拨千斤性质的杠杆解。

5.2 环境改变人

5.2.1 环境和人

美国心理学家约翰·B. 华生说：人是环境的产物。心情不好时，出门走走，在阳光下，心也会跟着开朗起来；不管是朝阳、落日和晚风，还是路途中所见的一草一木、一花一鸟，皆能纾解心头的烦闷。

以奋斗者为本的环境，会激发人们积极、乐观、奋进，催人向上；躺平倦怠的环境，则容易使人消极、悲观、萎靡，阻碍人的发展。

环境对人的影响是隐性的、缓慢的、不易察觉的，是潜移默化的，是难以抗拒的。人要想在环境中生存，就必须满足环境的条件和要求，做出符合环境的反应，否则就会被淘汰。在这个过程中，人就会不断地被环境塑造，塑造成为环境的一部分。

韩愈在《清河郡公房公墓碣铭》中提到："耳濡目染，不学以能"。环境决定人们的经历、想法、行动，它会在不经意间影响人们的生活习性、思考方式、行为处事、情绪调控能力……种种反应都会慢慢发展成习惯，融入性格，成为思维的一部分，进而影响人们的世界观、人生观、价值观。相同的环境，往往会造就相同类型的人。

在环境中流动的能量是具有穿透性的，流经的人员越多，得到的增幅越大（当然破坏性也可能越大）。每经过一位员工，都重新复制放大一份新的能量，每位身在其中的人都能深刻地感受到其价值和意义。

首先，人们看见。能量不像收入、利润、项目，没有数据、没有奖杯，一开始的表达是较为无力的。但人们会看见，看见身边的人和事，在某种能量的影响下，发生怎样的改变。普通人因为"看见"，所以"相信"，然后"加入"。一开始生发出的能量，由小变大地展示在团队面前，令人感受到它的价值，看见了更多落地的案例，慢慢地让能量涟漪扩散到更广的组织成员。

其次，人们参与。不管是主动还是被动，只要在环境的能量场中，人们就是当事人。人们会选择某种能量方式，并做出对应的行动，最终加强了这种能量。同时，人们还会在互动中复制、共振、抵消一些能量。

在反复地看见和参与的过程中，人们也反过来塑造了环境。

既然环境确实有塑造人的作用，优秀的领导者就该善于发挥环境的巨大作用，让在环境场中流动的能量共振增强更多，让能量抵消更少，创设出让组织中的各种能量融汇、流动、共振、彼此加强的环境，实现组织、团队在潜移默化中不断成长。

5.2.2　建立正能量流转的增强回路

创设环境的目标，就是为了把环境打造成正能量的增强回路。

我们都有这种经历，遇到对的人，恰如知音知己的交流，双方能够感受到能量在彼此之间流动，冲击向灵魂深处。

一个优秀的讲师在讲台上所散发出来的能量，能够同时传递给全场数百人，让人情绪饱满、能量充足。同时，他也能从这数百人的能量中得到反馈，让自己状态更好。

能量就像波一样，不同的能量之间会相互影响。同频的能量波会相互增强，不同频的能量波则会相互削弱。这虽然是简单的物理原理，但同样适用于组织能量。

> 小 Y 是个完美主义者，对自己的要求很高，眼里"揉不得一粒沙子"。哪怕领导经常表扬他，他也会认为："没有没有，这次我在××方面还没做好。"这种自我攻击明显会影响他的工作状态，甚至领导的表扬都会给他带来压力，如何帮助他呢？
>
> 思来想去，领导打算利用环境的力量。
>
> 领导将其安排到了一个有"夸夸团"传统的团队：每个人每周，都会在例会上表扬自己，工作、生活方面的都可以。
>
> 一开始，小 Y 感觉很别扭，自己哪哪都没做好，一眼看过去都是错误，有什么好夸的呢？
>
> 但是他发现，团队的其他同事，还真的很能夸自己。例如，有人夸自己昨天成功早睡了，有人夸自己成功和客户多聊了 20 分钟，还有人夸自己想了个新办法（虽然失败了，但总归有创新啊）。
>
> 虽然小 Y 一开始都吞吞吐吐的，有时候甚至闭口不谈，但其实也在慢慢地被同事们影响着。突然有一天，他也开始夸自己："昨天孩子吵闹，我竟然忍住没骂她，我太了不起了！"
>
> 说完他自己也笑了，自己真的在进步啊！

在"夸夸团"中待了一个季度后，小 Y 的工作状态明显变好，遇到难题也更积极、更从容，成效自然更明显。

5.2.3 警惕调节回路

"调节回路"则是我们在塑造环境时需要特别警惕的。

调节回路是系统中存在的一种反馈回路，会自动地调节或者校正系统中的各种要素，以使系统回到存量稳定状态。原有的稳定状态是环境中所有人都已经习以为常的，因此这种调节回路的作用更加难以令人察觉，也就更需要引起变革领导者的主动警惕。

克里斯·阿吉里斯也在《组织困境：领导力、文化、组织设计》中提到，原有的环境不自觉地阻碍着新生事物的出现。组织中的人们会采取行动，保护自己所在的团体、小团体、组织结构不出现重大的变化，他们只认可与事先的设想一致的行为，无论这种行为是否遭到包括自己在内的人们的批评。例如，人们可能一边抱怨组织充满负能量，同时还不断强化这种行为——增加更多的抱怨。糟糕的是，人们往往会拒绝承认自己的强化行为。

MZ 公司在移动互联网的浪潮中，淘到了第一桶金。但随着市场需求的变化，原有产品逐渐不再适合用户需求，公司需要新的产品继续引领潮流。

为此，MZ 公司发起了全员创新活动，为此提供了丰富的物质奖励，对于每个新想法，只需要通过最初的 MVP（最小可行性产品）验证，就能获得一大笔丰厚的奖金。公司上下掀起了一阵创新浪潮，好想法喷涌而出，但不到一年时间，创新活动就偃旗息鼓。为什么呢？

因为公司充满了批评的声音。

在创新成果评审会上，听到最多的不是对于创新经验的提炼，而是评委们的"刁难"。例如，K 总领导的企业服务新产品，每个季度会有一次集中促销，而且每次都取得 308% 的增长，但评委们对此视而不见，反而关注为什么收入规模这么小。K 总无奈地摇着头，一个创新业务，本来就只是投入最小资源在探索，其收入规模如何能与公司的主营业务收入相比呢？

更有评委说，这个业务成本高，和现有业务相比，收益率偏低。既然是创新的业务，应该拥有更大的利润空间，才值得公司投入资源创新，否则公司为什么要拓展新业务呢？

K 总更是无语，对于一个新探索的业务，怎么可能把各个环节的成本控制做好呢？每个环节的成本改善，不都需要时间和经验的沉淀吗？但 K 总的声音在评委们看来，只是狡辩。他们根据该产品两个季度的收益情况做出评估，直接砍掉了产品线。而且，领导们甚至问责 K 总，认为他的创新消耗了公司的成本，可能还影响了主营业务发展。如此之下，谁敢创新？谁都选择跟着主业走，不求有功、至少无过。

这种情况在 MZ 公司不断上演，MZ 公司的领导者们，忽略了对环境建设的重视，导致创新之路困难重重。

原有的习惯力量如此强大，调节回路时刻都在发生。如果没有领导者有意识地、坚定地推动，能量调整的光芒将会在原环境的固有能量之前黯然失色。

5.2.4　3 种增强回路

增强组织正能量的反馈回路有许多，根据实践经验，我建议大型组织的领导者要重点关注这 3 种增强回路，要塑造出成长的环境、欣赏的环境和互助的环境，以应对组织中常见的"三不"难题。

- 不能说：盆地思维、小富即安、井底之蛙。
- 不敢干：怕犯错、怕压力、怕考核。
- 不想管：只做本职工作、本位主义、利己主义。

（1）首先是成长的环境，从"不能说"到"告诉我"

曾经有个领导者很痛心地告诉我，他的许多下属往往会莫名其妙地自我感觉良好，已经快被市场甩开一大截了，还认为自己很厉害。

在这种小富即安、得过且过的环境中，人们难有上进之心，也听不进他人的建议。当他认为自己是好的，或者不敢面对自己的不足时，所有的进步都不可能发生。前文我们提到过固定型思维对人的影响，现在我们需要讨论的是，如何在组织中打破固定型思维，组织如何看到、表达、激励团队们在各方面的成长，甚至对团队形成一种良性的环境压力，从而塑造出追求成长的环境。

（2）其次是欣赏的环境，从"不敢干"到"干得好"

在组织变革的过程中，必然要打破许多原有桎梏。不管是组织的蜕变，还是个人的成长，过程中必然伴随着教训。在缺少欣赏的环境中，团队必然怕犯错、不敢抗压力、更不会有创新，领导者也只能通过绩效、考核、问责来强压团队，形成冲突对立的团队关系。

事物都有两面性，如何能够在看到不足的同时，将眼光转向成长过程中的收获，从组织系统的高度，帮助团队看到自己工作的价值和意义，以工作中得到的成就感、满足感和幸福感来引领团队，激发出团队内在的潜能，也为组织变革注入强有力的润滑剂和助燃剂。

（3）最后是互助的环境，从"不想管"到"一起来"

俗话说：一个好汉三个帮、一个篱笆三个桩。

在组织变革发展之时，不可能事事周密，毫无遗漏，团队之间能够相互补位、迎难而上，也是变革成功的关键要素之一。只做好本职工作、本位主义、利己主义的行为，会阻隔能量的流动，降低能量共振的频率。

人的社会属性决定了人需要在与他人的交往中成长和发展，一个互助和谐有凝聚力的团队，可以让个体有心理的归属感，并对团队目标有强烈的责任感，愿意为了共同的团队而努力。

5.3 成长型的环境

5.3.1 成长是性价比最高的投资

（1）高收益、低成本

个人和组织成长，是个投资成本低、产出效能高的香饽饽。

把资金从 A 部门调拨到 B 部门，这之间是零和的状态，有人多了就必然有人少了。要提高总量就必须追加新的投资。

而知识、经验、能量、格局则不同，无形的资源只会复制，不会转移。这种转移带来的组织成长，具有极高的"性价比"。当我们把新的工作方法推广到整个组织时，全组织可以在短时间内掌握，既没有哪个部门的资源减少了，组织上也不需要额外投入资金、物料、土地等生产资料。可以说，与重资产投资相比，成长的边际成本几乎可以忽略不计。

经验更加丰富、技能更加精湛，必然会带来工作效能的提升。而且，成长过程中带来的能量的提升，还有助于坚定组织信念、改善组织关系、提升个人格局，这些变化会发生令人惊讶的化学反应，碰撞出新的可能，以更广阔的视野、更高的维度带动组织发展。

因此，在外部资源相对既定的情况下，深入打造组织战斗力、推动组织成长，真是一件再划算不过的事了。

（2）提供长期驱动力

金钱、荣誉、地位等提供的外驱力，存在着明显的激励天花板，而且激励带来的有效时间很短。能够长久为个人提供能量的，是内驱力。

没有人会拒绝让自己变得更好，哪怕是看似"躺平"的人，只要有合适的切入点，就能够重新被"点燃"。在我的辅导经历中，这种例子数不胜数。

当组织中存在成长的环境时，大家不是"为了进步而成长"，而是"因为成长让自己感觉更好"，大家看到身边的人都在发生改变——思维更活跃、视角更敏锐、做事更有章法、效率更高、家庭关系更和睦等，这些都能为个人提供长久的驱动力。

之所以有些领导觉得团队难以撬动，往往是遗漏了内在成长这一动因，毕竟组织能提供的奖金、职位有限，若将视角聚焦在外驱力上时，组织环境就变成狭窄的独木桥，团队的能量被引导到独木桥头，自然就凝滞不动。

> 有个生于20世纪80年代的学员，负责党务工作、积极工作、认真负责，经常能够拿到优秀员工奖项。但竞聘时却意外失利，在大型央企干部年轻化的时代背景下，这次竞聘失败意味着失去了提拔的机会，可能职业生涯会止步于此。
>
> 想到未来多年会在原地踏步，该学员失去了工作的热情，从主动奋斗到躺平塞责，只过了一个星期。领导对他的能力还是十分认可的，也把他纳入了本次辅导的学员名单中。
>
> 在第一次一对一辅导时，我静静地倾听了他长达一个小时的抱怨，抱怨环境不公、抱怨领导不公、抱怨自己不幸。看得出来，他的外驱力降至冰点，只会带来副作用。
>
> 在情绪得到宣泄后，我们找了个机会，将沟通主题转到接下去的人生安排。毕竟，即使提拔暂告一段落，日子也要下去。如何能够将之后的日子过得好一些，而不是天天自我攻击，把自己活成一个悲剧呢？
>
> 我们一起总结了把日子过好的几个关键要素。
>
> - 要把精力放在自己身上，不要在意他人的眼光和评价（反正也不提拔了），才能保持心态的平和。
> - 摆烂颓废只会让自己更难受，更没有精气神，因此，要关注自己的进步，看看自己今天有没有比昨天更好一点，有的话就及时奖励自己。
> - 寻找自己工作和生活的亮点，而不是像以前那样，什么活都平均用力，什么事都干得平平无奇。集中精力做点有成果的事，做完也及时奖励自己。

- 转变以前为领导负责的心态，不过分畏惧、揣摩领导的意图，而是以对自己负责的心态，真正问自己，这样做对吗？然后综合各种因素，交出对得起自己的成果来。

当然这些要素不齐全，有些可能也很片面，不过能够帮助学员做出正向、积极的改变，才是最重要的。而且，根据我的经验，只要学员取得成果了，下一次辅导时，他自己一定能够修正这些策略，找到更好的路径。

当该学员的眼光从领导的评价、职级的高低、收入的多少，转移到让自己每天过得更好、对自己更负责上时，他突然发现自己的工作更加得心应手，重点亮点也更加突出，每段时间都能有新的感悟。

更有意思的是，这些感悟提高了该学员的思维高度，也让领导更加认可他。在两年后的首次调整时，恰好该组织的二级专业机构需要一名有格局、有能力、经验丰富的副总经理，他也就水到渠成地得到领导的推荐，走马上任。

事后，他专门发了消息向我报喜，感谢当时的接纳、引导，帮助他找到新的力量，他从泥潭中走了出来。

这种内驱力被集合到组织中，就成为推动组织追求卓越的关键因素，帮助组织在评估现状时，有足够的能量、勇气和信心，不拘泥于当前的困难，而是昂首面向未来的挑战。

（3）减少内耗

成长型的环境，在行动层面也有重要促进作用，那就是减少内耗。

对于不畏惧失败、关注成长的组织和个人，"闻过则喜"是常态。他们拥有更高的开放度，不会充满防备心理，也不会执着于证明自己的对错，更愿意为了远大的目标，开放自己的世界，倾听多方的声音，并从中获取成长的能量。

在这个环境中，组织不再需要采用低效率的方式、迂回地做出反应。领导者也不用耗散一部分能量，来照顾、平复、重振因不足而带来的"沮丧""挫败"感，尤其是对某些较为"玻璃心"的群体。

大家既能毫不讳言地正视当下，也能够开放探讨未来可能的路径。参与者既不担心做出理性发言会得罪人，也不会因为建议不被采纳而感到被冒犯，更会尊重负责人最后拍板的决策，并对未来充满期待。

5.3.2 看向未来，用发展的眼光

（1）成长是个过程

"都已经这么多次了，他怎么还不懂？"相信每个领导者都有这么嘀咕过。

这就是成长的现实，成长是个量变引发质变的过程，无法一蹴而就，更不能揠苗助长。我们能做的，就是静待花开。

静待花开，考验的不是成长中的个人，而是领导者。

- 是否能够以发展的眼光看待对方？不拘泥于当前的现状，而是有明确的远期目标？因为被指导人并不具备足够的眼光和格局，还需要他人指导，自然对未来没有清晰的认知。

- 是否能够预判此人的发展方向，制定针对性的指导方针？每个人的特长不同，如何将其特长与具体工作相结合，给出对应的方法？

- 是否能够以欣赏的眼光看到员工的进步，而不是以挑剔的眼光看到他的不足？换句话说，领导者的思维是成长型的还是固定型的。

很早以前我带领的一个三人小组，令我印象深刻。

> 3个小伙子特别勤奋，行动力很强，聊到任务开展的时候，滔滔不绝，但聊的都是细节。我不止一次地打断他们，先把目标搞清楚，我们想要的结果是什么？但这样的结果，是给他们带去了巨大的压力，他们认为我很不满意，认为自己做得一无是处。这不仅导致目标更混乱了，还让他们连细节都不敢再继续展开讲。
>
> 后来我发现，当我要求他们梳理目标时，已经推着他们进入了挑战区，他们很不舒适，这种不舒适甚至影响了行动力。从任务导向到结果导向，真不是一句话那么简单的。

于是，我改变了自己，每次我都耐心听他们的执行细节，之后再追问一句"预期成果是什么"，帮助他们从"做了什么"的思维，过渡到"做到了什么"。

我发现，每一周他们都在进步，从一开始完全没想明白结果是什么，到开始预判成果，再到梳理多个成果之间的关联，能够制定行动计划，最后能够自我检验计划与结果之间的关系，并做出复盘。

每周我都把指导的重点放在"他们这周取得了什么进步"，而"下次要注意什么"则轻轻带过（因为他们的执行力已经不需要我担心了）。

3 个月后，结果导向的思维模式出现了。其中一个小伙子告诉我："原来您之前说的结果导向，是这么一回事啊！意识的形成，就是一个过程！"

我知道，他们成长到新的台阶了。

（2）面向未来的成长

"提出问题的意义是为了解决问题，而不是追究、责怪别人。"这是一个六年级的孩子写的，如图 5-1 所示，我深以为然。

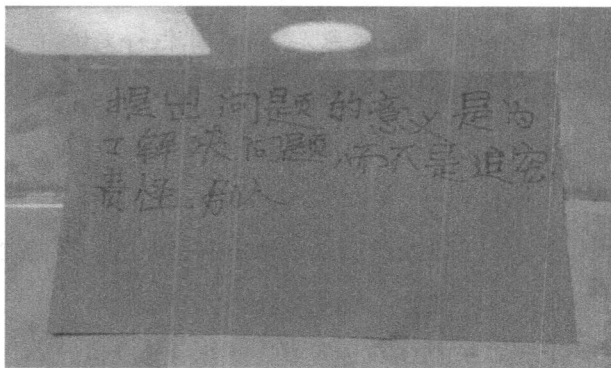

图5-1　六年级的孩子语录

过去的事情已经发生了，是不可改变的。将时间、精力投入争论过去谁对谁错，投入谁该为此负责（当然从管理角度来看，这也是必需的），是一种能量的浪费，因为无论投入多少，过去都无法改变。

但以史为鉴需要吗？需要的。

总结过去，是因为未来仍旧未知。过去的做法只会带来同样的结果。要想未来有新的突破，就需要有新的改变。成长，不是为了批评过去，是为了让未来变得更好。

前文我们也提到过，领导者把注意力放在哪里，能量就在哪里。领导者关注过去的对错，还是关注未来的可能，对组织环境的影响很大。

举个例子，暑期营销的业绩不尽如人意，领导专门召集参与部门，一起开了个复盘会。

> 有的领导会这么说。
>
> - 这次业绩很差，所有人要反思，要检讨。
> - ××部门的支持工作开展不力，没有及时配套好营销物料，扣绩效。
> - ××部门转化率不足，服务满意度也差，扣绩效。
> - 下次你们注意，指标照旧，做不到继续扣。
>
> 也有的领导会这么说。
>
> - 业绩很差，大家都要被扣绩效，这已经不可改变，大家需要接受。
> - 但这不是复盘会的重点，重点是下次怎么做得更好。
> - 大家来说说，薄弱点是什么？影响因素有哪些？
> - 从自己的部门出发，在哪些方面可以加强这些薄弱点？
> - 如何突破这个薄弱点，自己需要做什么变化？
> - 从长期来看，系统、组织上应该做怎样的调整，才能够从主观上避免出现薄弱点？
>
> 第一位领导的团队充满高压的气氛，大家疲于奔命；第二位领导的团队则充满了积极和探索，再累也充满干劲。

（3）短周期、持续的响应频次

成长是个日积月累的事，所以就要放下急功近利的心态，不要想着"憋大招"。只有尽可能短周期、高频次、小改进，才有可能实现持续的成长。如果只能看到大的成长，忽略过程中的小成长，反而还会形成不利于成长的环境。

所以，领导者要有意识地加以塑造，将大跨步的成长，打散、分解到更细的步骤上。这样做有 3 个好处。

- 增加信心，积小胜为大胜。每次的成长都会增强团队信心。将任务打散、分解为子任务，会提示团队有意识多次地总结提炼，得到更多次的激励。经常有下属跟我说："您没让我们总结，我总觉得离目标还有点距离，没想到自己已经做了这么多，取得了这么多的成绩，这让我更有信心继续走下去！"
- 更多的练习机会。把一个任务拆解为 10 个子任务，团队面临的练习机会就从 1 次变成了 10 次，不仅更容易取得成果，也有了更多练习的机会，练习怎么换上成长的视角，练习怎么提炼成长的结果，练习怎么激励自己。
- 高频培养习惯。成长的视角是一种习惯，一种需要在工作中潜移默化形成的意识。对于习惯的养成，单次的强烈刺激，远不如多次、高频的刺激来得有用。每天、每周都能得到成长的反馈，很快就能形成习惯。

5.3.3　打开窗户，听听外面的建议

作为组织中的一员，我们定义的"成长"，指的是个人与组织相耦合的成长。此处的成长既要实现个人的进步，也要对组织产生价值。这一点不难理解。

如何才能明确自己成长的方向呢？如何才能找到组织需要和个人发展的契合点呢？我认为，可以直接听听利益相关者的建议。

组织依赖团队协同，每个人都有不同的利益相关者，自己的成长会促进对方的收益，自己没做好也会连带影响对方的工作成果，基于共同利益目标的利益相关者群体，会对你提出他们的期望、诉求、建议。

换言之，利益相关者会从"利己"的角度，提出"利他"的建议，没人会做出损人损己的选择。

另外，在组织中成长的目的，也是为了在组织内创造出更大的价值。利益相关者是你的"内部客户"，也就是你工作发挥价值的重要对象。"价值＝被需要"，满足越多利益相关者的需求，就越被他们所需要，自然价值就越高。

当然，利益相关者提出来的，只是"建议"，代表组织的需求。作为个体，还要在这些建议中，寻找与自己职业发展、自己的个体优势相耦合的内容，作为成长的重点方向。由此一来，组织和个人的需求就实现了统一，成长也能得到组织、团队的支持。

5.3.4　接纳现状，无须争辩

接纳现状，是成长过程中的重要课题。只有接纳现状，才能搞清楚起点，才能有方向。连在哪都不知道，更别说要去哪里，以及怎么去了。

但是什么才是现状？

岗位、职级、薪资、荣誉，这些肉眼可见的，只是现状的一部分。对于成长而言，还有认知、作风、视角、思维模式、行为模式等一系列看不见的。

曾经有个学员经验丰富，在本专业线条内属于全能手，各个一线岗位都做过，他也因为业绩十分突出而得到提拔。

他认为的现状是，自我信心满满，没有一丝一毫瑕疵能逃过他的眼睛，经常指导团队开展工作，团队也很信服他。

他的平级同事说的现状是，这位领导者是他所见过的"最接地气"的领导，不像某些领导者只会开会和点评，他既能做规划，又能管落地，指导极细，工作成果突出。

他的上级领导则说，这位领导者很努力很拼命，项目也都能做得出色，但是并不符合他的期望，他希望这位领导者是个指挥官，不仅能把项目规划好，还能站在高层的视角做好统筹，显然他把精力花在了错误的地方，过于计较一城一池的得失，捡了芝麻丢了西瓜。

他的下属则说，给这位领导者当下属，压力太大了，他有一双火眼金睛，大家十分紧张，哪怕一点小错误都会被他当众批驳，大家把精力花在了从95

分到 100 分的提升上，再也没心思思考其他的创新。

哪一个是这位学员的现状呢？

这位学员听到这些反馈后，反应和大多数人没什么两样。他十分震惊，还带有一些沮丧，自己明明已经付出了全部，多少次加班到深夜才回家，怎么大家还有这么多不满意。接下来，他就开始对我解释，某个说法可能是因为什么事让上级领导不满意；某个说法可能是怎样，其实他是怎么想的，只是下属没有领会到他的苦心等。

在我看来，这就是不了解现状、不接纳现状。每个人都有自我认知，但每个人也都有盲区。这个盲区会影响我们的自我认知，导致现状认知出现偏差。但是，解释和争论是没有意义的，因为这就是他人眼中的你，不管你再怎么考虑，他人就是这么感知你的。

综合他人（尤其是利益相关者）的所有感知，这才是我们要接纳的现状。

5.3.5 感恩"贵人"，寻找"贵人"

我在上课的时候问过一个问题，面对一群地市公司正副职的领导班子，我问，这么长时间走过来，你最感恩的人是谁？占比最高的答案，不是领导、不是下属，也不是家庭，而是一个模糊的对象——"给我当头棒喝的人"。

有一天 L 总闲聊时问了 5 岁的女儿："家里面你最喜欢谁啊？"她说妈妈。他又问："那你最不喜欢谁？"他以为她会说爸爸，因为爸爸长期不在身边。结果她说最不喜欢爷爷，可是，爷爷是全家最爱她的。

L 总是很奇怪，就追问："为什么是爷爷？爷爷最爱你，要什么给什么"。结果她说了一句令他震惊的话！她说爷爷从来不指出她什么地方做得不好。

面对真诚地告诉你现状的人们，不要解释，或者埋怨，而应该发自内心地感谢。他们能够帮助你看清自己所在的位置，也能够帮助你看到未来成长的方向。

感恩这些"贵人"，并且花时间链接到更多这样的"贵人"，是快速成长的法宝之一。

这些人在哪里找?《福布斯》"五位最受尊重的（企业高管）执行教练"之一的马歇尔·古德史密斯，认为这些人应该是当事人的"利益相关者"，指与高管业绩利益高度相关、工作接触密切、愿意帮助支持高管及其团队的人们。

结合马歇尔的理念和希尔咨询多年来对运营商二级经理的辅导实践，我们认为选择利益相关者有以下 5 个原则。

① 紧密联系。利益相关者应该与当事人在工作过程上有紧密的沟通联系，在成果上有充分的利益相关。通过当事人的成长，有效地带动利益相关者取得更好的业绩，利益相关者可以从中收益。

② 利他助人。利益相关者有主观意愿积极帮助当事人取得更好的成长，愿意为当事人提供自己的视角、感知、建议，对当事人抱有信任。

③ 愿意负责。利益相关者具有高度的责任感，愿意为自己的建议和行为的结果负责，而非夸夸其谈、不接地气，更不是提供轻率随意的反馈。

④ 360 度反馈。利益相关者需要包括当事人的上级、平级和下属，合作伙伴与客户为可选项。将当事人置于这些利益相关者的感知内，就可获得不同岗位的视角，由此可以快速帮助当事人有更全面的自我认知。

⑤ 亲自选择。所有利益相关者必须由当事人亲自选择，任何人都无法代替当事人决定：哪些人与自己高度相关，自己需要得到哪些人的帮助。在具体实践中经常会出现人力部门为当事人选择，或者当事人随机选择人员的情况，这都会大大影响认知的效果。

5.3.6　两种燃料：反馈和前馈

利益相关者提供的建议，不啻于成长过程中的宝贵燃料，使我们的驱动力更强。这两种燃料分别叫作"反馈"和"前馈"，前者"立足现实"，后者"面向未来"。

比较常见的是反馈，人们根据自己观察到的行为事实和结果事实，为被反馈对象提供一些信息。这些信息可以是观察到的行为和结果，也可以是反馈者的情绪反应、认知，还可以是一些建议。

前馈则更像建议。前馈不评价过去，只在现状的基础上，基于双方共同的目标，关注对方希望改善的领域，并针对此领域可能带来的收益，提出自己的期望和建议，提出自己可行的助力承诺。

（1）反馈正视现实

管理大师肯·布兰佳有一句名言："反馈是冠军的早餐"。持续、客观、利他的反馈，能够帮助被反馈人及时修正自己的行为，增强自信心，提高对自我的掌控。在以利益相关者为中心的成长反馈中，反馈有 3 个特点。

- 反馈行为和理解。在成长反馈中，完整且有效的反馈应该包括具体行为描述、利益相关者对此的理解、提出此反馈的理由。例如，一位领导者能够记得所有员工的生日，并在生日当天发送祝福信息（行为），这个行为可以看出该领导者重视员工关系建设（理解），我发现这个行为改善了团队氛围，希望他持续执行（反馈理由）。

- 反馈着眼于绩效提高。与前馈相似，反馈也应着眼于"利益"——绩效改善。我们应当谨记，成长的目标是提高绩效。而诸如个人生活改善、道德文化评价等，固然很重要，却不是组织中的目标。在实操中，我们会要求提出"需要保重身体""少喝点酒多锻炼"之类反馈的利益相关者，重新围绕绩效利益的视角给出其他反馈。

- 动态跟踪反馈，关注被反馈人的变化。反馈是一个长期、动态的过程，将一直伴随着该当事人的成长发展，帮助其时刻修正自己的行为。在希尔咨询的实操中，我们会将多个阶段的反馈记录存档，并持续比对。有些反馈会多次出现，有些反馈会随着行为变化而发生变化，还有些反馈会消失，这都是成长过程中的一个个"路牌"，提示着当事人成长前进的方向。

需要强调的是，不需要过于强调客观。因为每个人的感知都是主观的，呈现出哪些客观行为、提出怎样的前馈和反馈，本身就是一种主观选择。这已经足够帮助当事人认识到在对方眼里，哪些行为/结果对其是重要的、是在成长过程中必须要突破的。

但主观不等于评价。反馈的时候，未受过专业训练的人，会不自觉地加入自己的评价，不仅包括对事情的评价，也包括对人的评价。例如，描述某个领导者"学习能力强""擅长带领团队""不尊重客户""做事不够细心"等，这其实是带有主观视角的"评价"，难以同被反馈人建立起同频的交流，反而会让对方感受到指责、批评，容易激起对立的防备心理。

（2）前馈面向未来

马歇尔·古德史密斯在《习惯力：我们因何失败，如何成功？》一书中提及，建议的最佳区间在鼓励你的（Encouraging）和建设性的（Productive）这个区域，运用前馈手段就是让建议都是建设性的、积极正向的，这样就能推动积极的、持久的改变。

前馈的特征之一，是"期待"。我们为前馈对象提出期待，希望他未来能有怎样的行为改善、有怎样的绩效表现、对哪些工作更为关注等，帮助该他缩小自己的盲区，也便于促进他与利益相关者的目标一致。在希尔咨询的实操过程中，前馈是一个很好的指示器，能体现出团队内部的紧密程度、相互理解程度，也能很好地帮助辅导教练、被辅导人明确当下的现实情况。

另一个特征是"利益"，或者说"目标"。组织团队不是请客吃饭交朋友，是为了共同完成某个目标，实现某个价值。只有围绕着利益目标，组织中的前馈才有足够的意义。

但在实操过程中，尤其是大型央/国企，经常出现与利益无关的前馈——"期待领导保重身体""期待领导多关注生活和工作的平衡"等，我们能够理解出于组织氛围、文化环境的惯性，团队之间会不自觉地回避与绩效利益相关的内容，但这种前馈是无效的，对当事人的成长没有帮助，并不利他。

前馈有一个评估的标准，看接受前馈的对象是否能感受到团队、支撑、助力，感受到有一群有共同利益的人，为了帮助自己实现目标而出谋划策，感受到期待成长带来的能量流动。如果并未做到，那可能需要领导者（或者聘请外部教练）介入，辅导如何选择利益相关者，辅导利益相关者如何做好前馈。

5.3.7 4 种成长的实操工具

可供组织使用的成长工具有很多，我选择了 4 个希尔咨询在辅导中常用的工具，供各位读者参考。当然，所有工具都有其对应的情景，也有使用的前提，具体如下。

- 组织奉行长期主义，在关注当下成果的同时，也关注未来的持续发展。
- 组织内有着共同的目标，团队都愿意为此目标贡献智慧和努力。
- 组织内追求成长，愿意接纳当下的不足，对于批评建议有相对开放的态度。
- 组织内抱有欣赏的眼光，擅长发现成功经验，并愿意助力他人成功。
- 组织关注落实，十分期待能够落实好的想法。

（1）PMI

PMI 是 Plus、Minus、Improvement 的缩写，分别指代"做的效果好，需要继续做""做的效果不好，未来需要减少""新增的改进建议"3 项内容，来自唐荣明博士。小组成员据此针对近期当事人的某项任务进行讨论，该工具简便高效，未来的行动指向较为明确。

具体操作方式如下。

邀请与该任务相关的人员参加，定期或不定期地举办 PMI 会议。由任务负责人（当事人）回顾该项任务的执行进展情况后，参与人员分别按照 P、M、I 这 3 个模块展开研讨，其中，P 和 M 的模块主要使用反馈技术，描述事实的行为和结果，避免评价性的语言；I 模块则侧重使用前馈技术，探讨未来可能性，提出行动建议。

需要注意的是，P、M、I 三者的顺序不能调换，必须先总结需要坚持的工作，这也是为了给整体讨论氛围定下良好的欣赏基调，不至于变味为批判大会。

这个工具对于组织文化、关系能量的需求并不太高，主要针对"事"开展理性讨论。因此，PMI针对的任务目标一定要十分清晰，但不要求所有参与的评估者是高度利益相关的，只需要围绕该项任务有所关联，即可提供不同的评估视角。

实践中，可以根据任务的里程碑进度来组织PMI会议，做好定期回顾和下一步计划。

（2）圆桌教练

圆桌教练活动参考了国际组织发展与变革协会（ISODC）的认证体系，在马歇尔MGSCC（Marshall Goldsmith Stakeholder Centered Coaching）的教练辅导环节中也有提及。圆桌教练的形式正如名称所示，参与者围坐在圆桌周边，彼此之间相互平等、互为教练，每一位参与者都是"成长的当事人"。在信任、成长和利他的团队氛围内，依照座位顺序选定一位"教练对象"，其他人作为教练对其开展教练讨论，每个成员都能得到协作伙伴真诚的建议，了解自己的优势和不足，并激活团队共同学习成长。

圆桌教练采用的是简易版本的教练模式，其评估只有简单的3句话，依次对教练对象发言。

- 我认为/我觉得你最大的一个优势是××，给我带来/让我感受到××（正向影响）。
- 我认为/我觉得你最大的一个限制（不足/瓶颈）是××。
- 我的建议/期望是××（前馈）。

这3句话都要避免评价性的反馈，如"很好、行动力强、有担当"等，当事人听不明白这个标签是如何产生的，而应该配套描述性反馈一起表达，可以参考5W2H（What、When、Who、Why、Where、How、How much）的模式。在告诉对方"行动力强"的同时，展开说"交代他的工作从来不会过夜，交代完马上就干"等。

对于以上发言内容，当事人只需要表示感谢并做好记录，既不用解释，也不用反驳。同时，整个过程需要注意运用"三坚持三杜绝"原则。

- "三坚持"：坚持信任、坚持利他、坚持平等。
- "三杜绝"：杜绝指责、杜绝奉承、杜绝套话。

开展圆桌教练的团队人数不宜过多，只需要精选有高度利益相关的，工作密切配合、相互了解的伙伴参与，一般控制在 5 ～ 10 人。

表面上看起来，圆桌教练和 PMI 有相似之处，都是通过一个团队的内部发言，反馈当下、探索未来，但实践中有着较大的区别。

如果说 PMI 侧重"事"，那圆桌教练就是一个侧重"人"的评估工具，通过对人的改善，实现事的优化。因此，圆桌教练对于组织文化的需求更高，要求组织内（或小团队内）不仅有开放、成长等底层逻辑，还需要建立起平等、信任的关系，否则在这个过程中，会受到职级等外在关系的影响，回避一些尖锐的话题。

同时，进行圆桌教练之前需要做好引导，帮助参与者建立起对"教练"的认知。PMI 侧重于对事，更符合人们对职场逻辑的理解，基于事情的冲突也更容易被消化。而对人的圆桌教练，隐含的前提是人们理解并愿意接受"教练关系"，否则很容易引发情绪上的对立。

最后，不管大家提出的是反馈还是前馈，都包括了该成员愿意为此提供助力的意愿，而非"看热闹不嫌事大""站着说话不腰疼"，随口提出一些莫名的建议。因此，反馈和前馈都应该落实到改变行动上，由同一个群体跟进督导。要求由同一群人相互督导，且在下一次圆桌教练时再次探讨成长的变化。

（3）明镜高悬

明镜高悬是希尔咨询原创的教练辅导工具，结合了 360 度调研、自我动机认知、关键任务分析规划、教练提问辅导等心理学、管理学、领导力领域的核心方法，是帮助当事人定期评估工作成果、工作状态，改善与利益相关者的关系，明确下一步行动计划的综合性评估与改进工具。

明镜高悬取名于"以人为镜，可以明得失"，是一个以被评估人（照镜人）为核心、以其领导的工作任务为底座、以利益相关者为镜子，从不同视角对人和事进行深入的探讨，给出前馈和反馈，并持续跟进督导的过程。时刻"擦拭"镜子，可以帮助照镜人尽可能减少盲区，更加全面地筹划未来。

该工具以组织行为学中著名的"约哈里之窗"（如图 5-2 所示）为理论基础：每个人都有自己的盲区不为自己所知，对身边团队的认知同样也存在盲区，彼此不知道对方的想法，毕竟不可能时刻都与所有团队成员保持高密度沟通。

图5-2　约哈里之窗

大型组织中，任何一项工作都离不开团队支持，高能量的组织必须建立在任务、信任的基础上互动沟通，扩大开放区，缩小盲点区和隐蔽区，揭开未知区。一方面，可以帮助当事人全方位认清自我；另一方面，也有助于个体自我认知与团队认知更趋一致，从而提升团队协作效率，有效地释放团队潜能。

① **维护开放区，取得目标共识。**在此区域的信息双方都相对清晰。尽管如此，双方仍旧需要有意识维护信息同步机制，确保信息开放程度。在现实工作中，往往会因为任务过于复杂而难以描述，或者因为例行的信息同步过于单调而遭到忽略，开放区向隐蔽区和盲点区塌缩。

② **缩小隐蔽区，明确工作责任**。排除当事人个人动机（故意隐瞒），此区域在实践中常见的是当事人自以为表达得很清楚，而利益相关者却没有领会其意图，甚至会有南辕北辙的理解。"我都说得那么清楚了，他们怎么还是做不到?!"诸如此类的抱怨，背后往往是源于隐蔽区的信息错误。

③ **缩小盲点区，满足团队需求**。与隐蔽区相反，盲点区往往导致当事人听不到真话。出于体制规则、信任关系、领导关系等原因，外部的真实反馈与心声，往往无法为当事人所知，资源得不到支持，最终当事人和团队在沉默中走向双输。

④ **共创未知区，凝聚集体智慧**。在正确处理好前 3 个区域的前提下，共创未知区才有可能出成果。该部分需要当事人与利益相关者们齐心协力，提升团队信任感与凝聚力，面对挑战时，能够有建设性地思考并付诸行动，是探索更多成长可能性的增值部分。明镜高悬作为综合型成长工具，流程更加完整，包括前期筹备阶段、现场述职阶段和教练辅导阶段，在评估后还可以延伸到辅导阶段，直至下一次明镜环节形成闭环。

第一阶段是前期筹备阶段，包含镜子团邀请和撰写述职报告。

当事人需要自主选择 7 ～ 8 位利益相关者，其中包括直接上级、2 ～ 3 名平级同事、3 ～ 4 名直接下属。若条件允许的话，也可以选择 1 ～ 2 名合作伙伴。这些利益相关者将会接受希尔咨询教练的访谈，一起给当事人"照镜子"。

对于 360 度访谈，一些当事人会受到环境习惯等因素的影响，认为周边同事的反馈是出于"评价""考察"等目的，是为了证明"自己是否胜任"，甚至理解为这是上级安排的"另类举报"。所以他们会倾向于选择"粉丝"作为自己的利益相关者，毕竟粉丝只会为偶像呐喊，提供正面的评价。

要特别郑重地与被辅导的当事人说明，利益相关者和希尔咨询的高管教练，是出于助力被辅导人的领导力发展的，而不是为了评价被辅导人的当期表现。所有的利益相关者，同希尔咨询的教练一样，都需要能够因当事人的发展而受益，而不是因当事人"受伤"而受益。

这些在工作中与自己密切合作的利益相关者组成"镜子团"，参与自己的述职评估，并请他们为自己做出不同角度的反馈和前馈；当事人需要认真思考镜子团成员，以尽可能获得更全面的视角。

同时，当事人需要对自己过去的工作及成长进行自我反思复盘，重新核准自己的目标方向，研判关键要素并据此形成行动计划，最终撰写出自己的述职报告。

实践中，哪怕我们提供了报告模板，被评估者也很难一次性就写好，常见的原因包括思考不够系统、深度不足，务虚多、务实少，缺乏战略思考与实际路径的匹配，过于关注单点工作的具体执行细节，分不清目标、任务、关键要素等，撰写述职报告其实是一个自我深度剖析的过程，如果能够保质保量完成报告，"就有巨大收获，仿如新生"。

第二阶段是正式的现场述职阶段，该阶段又分为述职、提问、照镜子3 个小环节，每个环节 10 分钟。

首先当事人基于述职报告进行汇报，其间更多地呈现对当下问题的总结，以及对未来各项重点工作的规划，明确具体行动计划及需要的支持与帮助。此处很考验当事人的重点把握能力和表达能力，可以在既定的时间内，完整表达出重点内容。

紧接着是提问环节，教练（或主持人）和镜子团对述职报告中的内容有针对性地提问，这是一个相互之间打通频道的过程，让所有参与者与述职者建立连接，让大家更立体地了解述职者，这也是一个打开"约哈里之窗"的过程，旨在充分互动，增强互信。往往在这个环节，经常会出现"醍醐灌顶""恍然大悟"的升华瞬间，原来其他人是这么考虑的，原来自己考量的角度过于狭窄，或者高度不够，原来还有更好的融合方式来安排工作等。

最后现场镜子团从"GOOD"及"GO FOR BETTER"两个方面对述职人进行反馈陈述，帮助述职者全面认清自己。类似于 PMI 评估工具，一样要先从 GOOD 方面展开反馈，总结被评估者的优势、强项，点出其某些做得特别好的行为，给镜子团留下深刻印象；而后从 GO FOR BETTER 方面展开反馈和前馈，此处既可以是对过往工作事实的反馈、建议，也可以是镜子团提出的对未来的期望，如期待其每个月都到项目一线办公 1 ～ 3 天等。

第三阶段是教练辅导阶段。

有条件的组织，可以邀请企业教练，以第三方的中立角色指导当事人。如果条件不允许，最好是请组织内较有威望的人员对其进行反馈指导，但强烈建议不要由主管进行反馈指导。

教练内容主要与镜子反馈内容相关，由当事人和教练人员共同探讨镜子内容，在教练指导下找出自己的"盲点区"、探讨困惑的"隐蔽区"和无限可能的"未知区"，并且据此制订接下来的改变计划。

此处需要注意的是，不管出于什么原因，当事人的过往行为已经给镜子团成员留下了对应的感知，因此当事人的任何解释都是没有意义的。这些内容就像镜子中呈现的自己，要改变他人的感知，只能先改变自己。同时，当事人也可以选择"接受"或者"不接受"镜子内容，这也会影响他未来的改变计划，只要是合理、对未来有帮助的，接受或者不接受都是允许的。

实践中，整个过程既是探索过往工作和成长的过程，也是文化落地践行的过程。当事人从最一开始的不愿意暴露问题，害怕暴露出来非但得不到解决，甚至可能伤害自己，到之后的"尽可能暴露，这样我就可以获得更多的支撑"态度；利益相关者想的是"赶紧把这个问题解决了，他好了，我的团队业绩也会好起来。"同事之间、部门之间不再是自扫门前雪的无视，在互助合作中，逐渐建立信任，找到战友的并肩之情，通过协同推进彼此工作，完成组织绩效，提升组织战斗力。

（4）改变之轮

一方面，所有的成长探索，最后都必须落实于行为改变，不管是思维变化、

159

心态变化，还是技能变化，都可以导致行为改变；而另一方面，若行为没有发生改变，则结果也不可能发生改变，任何的评估都会流于形式。

前文已经探讨过KDI，我认为KDI是行为改变的最佳抓手，但往往在一次深刻的评估后，会总结出许多KDI，让人眼花缭乱无所适从，应该如何管理这些KDI，令改变真正有效、有效率呢？

"改变之轮"的原型出自《自律力：创建持久的行为习惯，成为你想成为的人》（如图 5-3 所示），可以帮助使用者提升改变效率和成功率，它源自马歇尔·古德史密斯博士，可以帮助领导者精准确定改变目标、制订行动计划。马歇尔把改变的行为划分为 4 种类型，并分别放置在开始做、停止做、暂时接纳、继续做 4 个象限中，让改变目标更加清晰明了、更聚焦，从而使改变更容易见效。

- 在开始做的象限中，增加积极的行为，让你更接近理想中的自己。
- 在停止做的象限中，减少对未来没有益处的行为，甚至杜绝。
- 在暂时接纳的象限中，直面没有益处的行为，暂时接纳，但不必感到逃避沮丧。
- 在继续做的象限中，要注意发现自己的优势行为，并把它们持续下去。

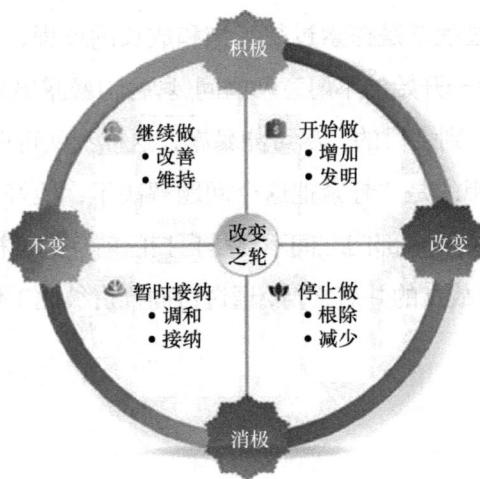

图5-3 改变之轮

在辅导中一个完整的改变之轮包括 4 个象限：暂时接纳、继续做、开始做、停止做。从"继续做"象限开始，顺时针转动，直到"暂时接纳"象限。每个象限填入 3 ～ 5 项关键事项，每个阶段以 KDI 的模式记录，作为本阶段的重点改变。

看起来并不难的动作，实际上并不容易。在辅导实践中，当事人往往会有以下错误。

- 写太多。当事人需要兼顾的内容太多，实际上"慢就是快"，能够在一个阶段聚焦提升 3 件事，已经很了不起了。同时，如果无法排列出改进的优先级，寻找出最应该调整的那几件事，也反映出当事人尚未真正厘清改变的路径，是需要重新思考、与教练探讨交流的。

- 写太快。当事人尚未意识到改变之轮的重要性，把制定改变之轮当作一个"作业"，已没意识到自己应对改变之轮的结果负责，随意一写了之，低空飘过。往往在他们落地执行阶段，就会碰到较大的阻碍，需要重新调整改变之轮，浪费宝贵的时间。

- 写太虚。当事人习惯了高屋建瓴的发言，他们制定的改变之轮经过了高度的提炼，但可能会有较多空话套话，难以衡量实际落地效果。一份有效的改变之轮，其描述应该严格符合 KDI 的范式，需要具体到明确的行动、行为上。例如，"我要变得健康"是没有意义的，应该写成"每周锻炼 2 次，每次 1 小时"。

- 写太满。当事人对自己充满自信，未经过深思熟虑，没有明确的路径，就制定出跨度很大的目标。过高的目标只会带来巨大的压力，未能实现之时也会带来挫败感，甚至使人放弃改变。但此时也不便于打击积极性，需要在适当的时机提供助力，或者在之后复盘时，再与其探讨改变之轮的优化思路。

当事人完成改变之轮后，还有以下两个动作要做。

第一，将改变之轮同步给所有的利益相关者。这样是对利益相关者最有效的感谢，让他们感受到他们的用心反馈得到了重视，有效帮助了当事人的成长。同时，这也是一种公众承诺，将自己的计划呈现在利益相关者面前，就可以邀请他们助力自己更好地发生改变。

第二，每个月保持一次与利益相关者的交流。请他们结合改变之轮，对改变过程做些反馈，让改变成为双方紧密连接的内容之一。当利益相关者亲身参与到当事人的改变中时，不自觉地也会触动自己内在的上进心，引发自己的成长意愿。

5.4　欣赏的环境

5.4.1　欣赏的力量

罗伯特·罗森塔尔与伊迪丝·雅各布森在 1968 年做了一个实验，他们找到一所小学，在各年级中选取了 18 个班级，对这些学生进行了"未来发展趋势测验"。测验十分正式，看上去很科学。测验结束后，他们选出了一份"最有发展前途者"的名单，交给了校长和相关老师，同时叮嘱他们务必要保密，以免影响实验的正确性。

果然，名单十分"正确"。8 个月之后，名单上的学生，个个成绩有了较大的进步，且性格活泼开朗，自信心强，求知欲旺盛，更乐于和别人打交道。

校长专门找到他们，想知道这个测验为什么如此神奇。此时，罗森塔尔才告诉校长，名单上的学生是随便挑选出来的。之所以这些学生有惊人的进步，可能是受到名单的影响，老师们对该学生形成了期望，这些期望又会潜在地鼓励学生，调动其积极性，促进其朝着期望的方向发展。

每个人的内心都希望被肯定、被发现、被称赞，而不是被排斥、被否定、被批评。当组织内部以欣赏的眼光互相看待，组织才能充满勃勃生机，并形成良性互动。相信每个人都有改变的可能性，相信改变也可以随时发生。当每个人都能从心出发，持续赋能的时候，团队便可以焕发活力，创造奇迹。

5.4.2　心中的水桶，盛满能量

盖洛普公司的汤姆·拉思、唐纳德·克利夫顿博士在其著作《你的水桶有多满》中提到，我们每个人的心里，都有一个看不见的水桶，水桶里的水代表我们的精神能量状态，水桶满溢使人乐观积极，水桶里的水变少令人沮丧低落。我们每个人心中还有一把看不见的勺子。当我们用言行增加他人的积极情感时，我们在用它为别人的水桶加水，同时我们也在为自己的水桶注水。但是，当我们用我们的言行减少他们的积极情感时，我们在用这把勺子从别人的水桶里往外舀水，同时我们也在给自己的水桶放水。要知道，能量并非零和游戏，同时我们的高能量可以无损地复制给对方，也能从对方的振奋中得到增长。

一个盛满水的水桶使我们精神抖擞、意气风发。每一次的加水都使我们更强壮，更乐观。但是一个空水桶却使我们萎靡不振、精疲力尽、裹足不前。每一次的舀水，我们都将受到伤害。

因此，我们每时每刻都面临一个选择：我们可以为各自的水桶加水，也可以从各自的水桶舀水。这是一个至关重要的选择——它深刻地影响着我们的人际关系、工作效率、健康和幸福。

克利夫顿认为，在组织中创造积极的情感，"认可"和"表扬"是至关重要的。他们在全球访谈了 400 多万名员工，分析后发现，经常受到认可和表扬的员工往往能提高自身效率，增强同事们的敬业度，自己和同事们都更愿意继续为所在组织服务且顾客满意度和忠实度更高，工作中安全记录好且事故率低。

欣赏的环境使员工对所在组织感觉良好，继而积极提高自己的工作效率。及时而有效的认可和表扬能迅速改进职场氛围，只要愿意更多地为别人的水桶加水，即使是一个人也能为整个团队注入积极的情感。研究表明，善于与部下分享积极情感的领导者所带领的团队往往心情更舒畅，对工作更满意，更敬业，整体效益更高。

每次与人交往，都是一次欣赏和加水的机会。尽量在每次与人交往时欣赏对方的优点，每次你加满一个水桶，就会产生连锁反应、长期加水的效应：如果你每天加满两个水桶，这两个水桶的主人接着为两个新水桶加水。如此发展，十天后，就会有一千多个水桶被加满。

所以，如果有人为你加水，你就应表示欢迎——千万不要视而不见，贬低对方的好意。通过说声"谢谢"，你可以向对方表明，你珍视他的认可和表扬。同时，你会更愿意与别人分享你更加充沛的积极情感。

5.4.3　及时表达，效果加倍

在我国的实践中，我们发现，国人并不太擅长表达情感，尤其是感谢、赞赏。这种内敛会影响欣赏环境的构建。记忆往往会因为时间的流逝而感到模糊，热烈的情感也会逐渐趋于平淡。事后回想起来，就再也记不清当时的那种能量状态。

当人们看到、听到、感受到某件特别认同的事，接收到来自同事的帮助而心存感激，或者受到他人感染而强烈想要参与其中时，心里总会有一种澎湃的激情——"上头"。这种情绪天然有喷薄宣泄的冲动，我们需要在组织中创造一些条件，让能量状态在最高的时候，及时表达或记录下来，以最大限度地发挥好能量的作用。

同时，当一个人取得了成就时（哪怕是最微不足道的成绩），他内心也渴望得到奖励和表扬。随着时间的推移，这种渴望会逐渐衰减，得到奖励和表扬的激励效果也会越来越差。最有效的激励时刻就是被激励行为发生的当下，这样他能够得到最大的激励，会激励他持续做出这类行为。

美国福克斯波罗（Foxboro）公司是一家专门生产精密仪器设备等高技术产品的企业。创业初期，该公司在技术改造上遇到了非常棘手的难题，若不及时解决就会影响企业生存。

一天晚上，正当公司总裁为此冥思苦想时，一位技术专家突然闯进办公室，兴致勃勃地阐述了他的解决办法。总裁听罢，非常高兴，觉得其构思确实非同一般，便想立即给予嘉奖。他在抽屉中翻找了好一阵子，最后拿着一件东西躬身递给那位技术专家说："这个给你！"这东西非金非银，仅仅是一根普通的香蕉——这是他当时所能找到的唯一"奖品"了。而那位技术专家也很感动，因为这表示他的研究成果已经得到了总裁的认可。

5.4.4 名副其实，言之有物

实践中，很多领导者是不会欣赏的。

有的人说，说说好话不是很简单吗？多说"你真棒！""小王很不错！"就可以了啊。

其实不然。

这种夸奖是空洞、没有内涵的。接收到的人不仅搞不明白为什么，而且会习以为常，只喜欢听夸奖的话，禁不起批评、输不起、抗挫折能力降低。甚至，团队可能会因为获得领导的一句好评而去做某事，养成"唯上"的风气。

正确的欣赏可以注意以下 3 个方面。

（1）描述具体的事实

有效的欣赏是描述事实，把具体的细节说出来，这样对方能够非常明确自己是哪里做得好。比如，员工提交了一份策划方案，比起"做得真棒""做得好"这样的词语，领导者可以说："这次策划方案提交的时间提早了两天，这样我们有更多的时间来优化""你的这份策划方案没有错别字，颜色搭配也很大方"等。

这样的欣赏表达会更有说服力，也能够明确欣赏的内容是什么，令对方知道该往哪方面继续努力。

- 模糊地表达："感谢你对我的帮助！"
- 具体的表达："感谢你对我的帮助，在近期的几次会议中，你都给我足够的思考和展示空间，还会在恰当的时候，给我一针见血的反馈，帮助我不断内化所学到的新知识。"

（2）肯定努力和品质，而非只肯定成绩

我们发现，经常被表扬成绩优秀的团队，更在意任务的成绩，于是更倾向于选择容易的任务，一旦碰到有挑战的任务就会焦虑沮丧；而经常被表扬努力、创造、用心的团队，则更容易面对挑战，尝试努力用各种方法来解决困难。

因为，当我们表扬团队成绩优秀时，等于在告诉他们，为了保持聪明，不要冒可能犯错的风险。这会慢慢扼杀团队的成长型思维，执着于对错，遇到挫折时容易"玻璃心"，轻易否定自己。

而当我们在团队取得成绩时，关注到团队努力用心的具体行动，就是在告诉团队怎样的行动才能通往成功，鼓励他们做事更注重过程，相信自己的力量，遇到困难能够继续保持前进的动力，积极付出实际行动，改变现状。

- 肯定成绩：加水墙做得真棒！
- 肯定行动和成绩：一早就看到你站在加水墙前，逐一整理我们的水票，把粘不稳的用透明胶粘上、不整齐的一张张排好！谢谢你认真地整理，让我们有那么整洁漂亮的加水墙。

（3）建立起与组织文化的关联性

作为组织中的成员，我们的表达是为了帮助组织的能量流转得更快、更好，其最高优先主体应该是组织。表达的最高优先级就是助力组织提倡的文化能量，包括愿景、使命、价值观。

不管是表达者还是接收者，通过对组织的愿景、使命的表达，都会进一步实现对文化的强化，引发共鸣的文化能量，增强对组织的归属感以及自我工作的使命感。对价值观的表达，不管是通过故事还是通过情感，接收者都能够通过你的表达，进一步理解公司价值观的内涵，也能掌握引发这种表达的具体行为，他就会更清楚地知道公司倡导的方向是什么，从而进一步指导他未来的行动。

例如，公司的文化是"值得信赖"。

- 未结合文化的表达：感谢你今天帮助我完成了线上辅导，我实在没有时间，没有你的帮助我就无法如期交付了。
- 结合文化的表达：感谢你今天帮助我完成了线上辅导，不然就无法如期交付了。在我最需要帮助的时候，第一个想到的就是你，不管你自己手上有多少工作，总是能够为我想办法腾出时间来，你让我感受到了值得信赖的意义。

5.4.5　欣赏当下：有效的加水系统

工欲善其事必先利其器，为了帮助组织更好地创设欣赏环境，受到水桶理论的启发，希尔咨询原创开发了一套线上的加水系统。

它是一个组织能量／氛围的管理工具，它以积极欣赏为基调、以故事为主要载体，让正能量的行为被及时、有效地"看到"、认可、传播和放大，让个体得到正向的关注和反馈，有效增强员工的归属感和相互间的情感支持，从而形成充满欣赏、感谢、鼓励的组织氛围，为团队和组织注入积极的情感，提升团队和组织的凝聚力，激励个体和组织，化被动管理为全员主动管理，实现个体和组织目标的协同双赢。

在引入"加水系统"的组织中，每月按照既定数量发给每位员工一些"水票"（或者加水卡），可为除自己之外的所有人加水。

当加水人发现被加水人有值得赞赏或感谢且为组织文化所提倡的行为，或希望表达自己的祝福或鼓励时，可将理由写在纸质或者电子的加水卡上亲自交给对方，该加水理由对全员公开。加水时，除了最基本的，注明加水的对象及自己的签名，更重要的是加水内容一定要清晰具体，对方的什么行为，为什么让你感谢／欣赏／赞扬／祝福等。欣赏要欣赏到点上，杜绝宽泛的评价式的加水。

所有的加水信息都是公开透明的，公司全员均可以查看加水信息，了解公司最新发生的温暖事迹，还可以对加水内容进行点评和讨论。我们希望以加水的形式，对个体的行为表现、能力成长，或个体对伙伴及组织的价值贡献，予以认同、肯定、赞扬、感谢，助力个体找到工作的价值感意义感、充分激发个体能量。

同时，加水系统还设置了一点点小激励：被加水人获得的水票可与组织福利挂钩。这些水票可以用来兑换书籍、办公用品、学习卡等有助于组织发展的小物件。

同时，加水系统中的每一个参与者都拥有平等的决策权。组织内员工每天的工作都会与其他人产生关联，我们认为工作中的能量传递，取决于朝夕相处伙伴的感受和评估。并非只有领导觉得你可以，你才可以。只要出现了组织鼓励的行为，出现了对伙伴们有所助益的行为，都应该通过加水系统得到呈现。这种方式可以促使人们发现并传递组织内的正能量案例，形成积极交往，实现组织文化的落地，加强成员之间的连接。可以让员工们自发、主动地为伙伴们加水。它不设置加水的具体内容清单，只设规则，让全员根据规则来发现美，同时依靠透明，实现全员共同约束。

加水系统内及时记录了组织中提倡的故事、案例、标杆，甚至很多都是自己没注意到，却被他人关注并提交至系统内的。

有些负责文化建设的领导者，经常在发愁如何收集组织内的优秀事迹，或者收集上来的事迹过于空洞、包装痕迹过重等，不妨尝试使用加水系统的方式，将故事收集工作融汇于日常工作中，将发现"美"的权力交给员工。这样一来，就会得到源源不断的案例素材，负责人可以从中选择故事后，再加以深入调研，相信一定会有更加触动人心的体验。

加水系统一开始只是线下版，大家一笔一画在水滴卡片上写下加水内容，在面对面的加水声中，感受着能量的滋润。直到 2009 年部署线上版，更及时、更便捷、功能更丰富，方便大家随时随地表达自己的感谢与欣赏。目前已经上线小程序版，作为公司数字化管理工具的重要组成部分，该系统保持着与时代发展的链接，也是持续从员工习惯出发，关怀员工的实践应用。

当然，加水系统的运用，也需要符合欣赏的要求。因此，加水过程中可以通过以下 5 个问题来对自己的加水质量做评估。

- 当事人对我的加水当之无愧。

- 我的加水针对一件具体的事。

- 我的加水是个性化的，其内容是当事人喜欢的。

- 我事先了解当事人偏爱的加水方式。

- 我为加水当事人选择了最好的时机。

以下是一些加水的例子，供读者参考。

TO: 孙××

孙师傅，感谢你每次都耐心给我指明工作和生活中的方向，最近一周我整个人都轻松了很多，不是因为放松了自己，而是因为经过你很多次亲身体验的讲述以及你说的各种感悟，我现在也可以控制自己的情绪和能量了，知道要有的放矢、知道要态度温和、知道大家共事是缘分、知道每个人都不容易。现在每天运动、学习、工作、休息都很规律，感觉健康多了。真心谢谢你！

（加水人：李××）

TO: 吴××

××，把大数据对外价值彰显的第一步——基于位置信息的大数据洞察平台交给你，这个决定没有错！分析室人太少，你作为唯一的小鲜肉，必须强压着担子上。你没有辜负大家的期望，平台功能一步步地完善，承载的信息越来越多。这个应用是与百度的合作，你把一个想法最终落地为现实，这在全公司算是开了先河。这大大超出了我的期望，也让大家看到你的执着和能力！ 90 后的小朋友，要继续坚持哦～我看好你！

（加水人：杨××）

TO: 丁×

一早就看到你站在加水墙前，逐一整理我们的水票，把粘不稳的用透明胶粘上，把不整齐的，一张张排好！谢谢你辛苦、认真地整理，让我们有那么整洁、漂亮的加水墙。

（加水人：玲）

5.4.6 感受未来：欣赏式探询

加水系统是基于已经发生的事实，通过欣赏的方式促进组织能量流动。

对于尚未发生的未来，欣赏也能够发挥其作用，在任务伊始就为团队注入能量。在此我们应用的工具是：欣赏式探询（Appreciative Inquiry），来自《欣赏式探询》一书。

始于1987年的欣赏式探询，是激发集体智慧、创建学习型组织的实用有效的方法，为企业提供了一条可以将潜在能量转化为活跃能量的途径。欣赏式探询始于一个肯定的话题，经由一系列积极变革的循环促成。从总结组织优势资源和能力开始，延伸到组织及成员最渴望实现的梦想，然后讨论并设计指导其实现梦想的任务，最后组建团队执行实现梦想的一系列鼓舞人心的工作。这个过程被称为"欣赏式探询的4D循环"，如图5-4所示，由以下4个部分组成。

- **发现（Discovery）**，组织有与生俱来的自发展能力。所谓发现，就是要动员整个系统深入探询组织成功的原因，确定"组织从过去走向现在和未来最核心的成功要素"。
- **梦想（Dream）**，组织结合所发现的潜能和资源，创造一个清晰的愿景。亨特道格拉斯橱窗饰产品（中国）有限公司就曾借此意识到公司的核心竞争力不是橱窗的时尚感而是设计橱窗的技术。
- **设计（Design）**，基于实现梦想的最理想模式设计所需要具备的各项条件，大胆对组织进行基于网络和伙伴关系的全新设计，保证梦想快速实现。在过去的20年间，巴西营养食品、绿山咖啡、希尔咨询等公司都已成功地对组织文化与结构进行了变革，成为欣赏型组织。
- **实现（Destiny）**，组织帮助员工设计自己的方法和手段实现梦想，激发员工的能量和创造性，从而增强整个系统变革的动力。伴随着欣赏式探寻的引入和落地，以问题为导向的成长模式被扭转。基于优势和梦想的探询，员工参与度及主动性大幅提升。

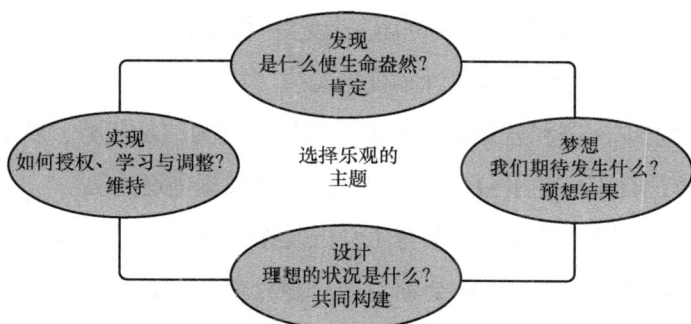

图5-4 欣赏式探询的4D循环

希尔咨询将此应用于组织发展，效果是喜人的。

W女士尝试将AI应用到自己事业部的经营分析上。在事业部会议上，她提出"如何让我们的本年度业绩增长超过58%"的话题，进行了以欣赏式探寻为逻辑基础的讨论。4D的每个步骤都被要求更贴近落地执行。

在探询环节，来自其他部门的与会者共同探询了该部门在市场开拓、产品研发、团队管理方面的各项优势；着重探询了来自客户方的比较优势。在梦想环节，除了描绘梦想画板，还很实际地提供了各项数据，以支撑本年度市场收入、产品收入、团队收入，甚至是个人级别的收入规划。就这样，该事业部和其他部门之间建立了新型的信任关系。

该财年结束后，W女士所负责的事业部的收入增长达84%，利润增长达92%。

后续的两年内，以AI为基础的4D管理模式在希尔咨询全面推广，组织开始坚定而迅速地变化。员工们开始欣赏组织中其他人的优点；不同年龄段的成员之间开始建立紧密的联系，组织可传承的优势开始被挖掘，组织的历史也随着面对面的交流鲜活起来；问题的提出从消极变为富有建设性，具体如下。

- 从"如何解决客户投诉"转变为"如何为客户提供高品质高价值的服务"。

- 从"发现客户问题并解决问题"转变为"协助客户发现组织优势和梦想，设计实现梦想的组织设计和变革"。
- 从"发现问题和差距来做绩效沟通"转变为"从优势、梦想入手，员工更适合怎样的平台、通过什么方式来发挥创造力"。

欣赏式探询将组织视为一个有生命的复杂系统，承认组织和个体身上未被开发的无限潜能；认为组织会朝着内心深处最关切、最经常探询的方向成长与突破；通过挖掘和利用富有建设性的问题，尊重个体的潜能来改变以解决问题、纠正错误、发号施令为导向的机械管理方法。也正因此，欣赏式探询就像一股清新的空气扑面而来。

正如大卫·库珀里德所说："欣赏式探询之所以行之有效，是因为它可以在一个完整的 4D 循环中激发了解的自由、倾听的自由、梦想的自由、选择的自由、行动的自由和积极的自由。这六重自由能释放所有人的能量，创造出一个不可遏止的能量'大潮'。而通过释放能量，欣赏式探询创造了一个自我永续、积极变革的动量——这就是积极的革命。"

在使用欣赏式探询引导团队完成一项工作时，我们可以使用一系列开放性问题来引导团队进行讨论和思考。以下是每个阶段的问题示例。

（1）发现（Discovery）

请描述在你的记忆中，你所在的组织处于巅峰状态的一件事？是什么让组织/团队表现如此棒？

请描述在你所在的组织中，你最珍视的因素有哪些？

请描述你在组织中最有成就感的一件事，是什么让你取得如此成功？

请分享一些过去成功的经验，这些经验可能与我们当前的任务相关。

你认为团队在过去的项目中取得了哪些成功？是哪些因素让项目成功？

访谈过程中不妨加入 STAR[情境（Situation）、任务（Task）、行动（Action）、结果（Result）] 的行为面试法，访谈完后要表达对对方的感谢。

（2）梦想（Dream）

如果一切顺利，你的新项目可以做成什么样子？它能为客户带来什么价值？

想象一下 10 年以后，你理想中的组织会是什么样的？

你的优势/经验/积极因素能为新项目/组织带来什么影响？

为使梦想成真，你将做出什么样的贡献？

你希望看到哪些积极的变化？

想象一下，我们已经成功完成了这项任务，你将会感受到什么？

（3）设计（Design）

如果发挥/放大你的优势/经验，你现在可以做什么帮助实现梦想？

我们如何实现梦想中的目标？

有哪些步骤或计划可以帮助我们实现这些目标？

谁会承担什么责任，以确保我们按计划执行？

（4）实现（Destiry）

如果能不断拓展你的优势/经验，你会怎么做？

我们如何知道我们已经成功实现了目标？

在实施计划时，我们需要注意什么？

我们如何继续保持积极的态度和动力？

5.5　互助的环境

5.5.1　正能量循环

一个完整的正能量循环，除了欣赏，还要有互助，如图 5-5 所示。欣赏是受益人对他人的感谢或认同，互助则是他主动为他人提供帮助和支持，而后得到对方的感谢或认同。能量在欣赏和互助中得以循环加强，进入增强回路之中。

互助
• 主动为他人提供帮助和支持后得到对方的感谢或认同

欣赏
• 受益人对他人的感谢或认同

图5-5　正能量循环

5.5.2　让支持浮上水面

组织由人组成，人与人在一起就有各种协同的关系，通过分工创造价值。因此，组织内的个体发展，离不开团队支持。

很多组织都没有把支持的价值显性化，而是放任其自由流动，成为"小圈子"中的亚文化。这样不仅浪费了相互支持的高能量共振，还可能导致能量无序扩散，导致"水面"下的人情社会。

支持的本质在于其能够为个体或集体提供信心、资源和动力。它是一种无形的资产，能够在关键时刻成为推动个体或集体前行的关键力量。在个人层面，支持能够帮助人们克服困难，增强自我效能感；在团队中，支持能够促进成员间的相互信任，提高团队凝聚力。

借鉴"社会支持评定量表"的分类方法，组织内的相互支持可以分为主观支持和客观支持，并且要关注对支持的利用度。

• 主观支持：是指个体在组织中受尊重、被支持、被理解的情感体验。
• 客观支持：是指客观的、可见的或实际的支持，包括物质上的直接支援，组织网络、团体关系的存在和参与等。

- 对支持的利用度：每个人对支持的利用都存在着差异，比如有些人虽然可获得支持，却拒绝别人的帮助。

人与人的支持是一个相互作用的过程，一个人在支持别人的同时，也为获得别人的支持打下了基础。领导者要创设互助型环境，就是为了提高组织内对支持的利用度，提升相互支持的频次与质量，从而促进能量的共振流动。

5.5.3　回声文化：助你成功，方能助我成功

影响力教父、社会心理学家罗伯特·西奥迪尼在《影响力》一书中，提到了互惠原则。互惠原则指的是社会公认的、人与人之间互相回报恩惠的原则。社会学理论认为，社会中所有成员之间的关系，都是某种形式的社会交换，人们交换不同形式的商品和服务，让个体相互依赖，组合成高效率的单位。

这种交换遵循的是互惠原则，人类社会从互惠原则中得到了一项重大的竞争优势，由此，他们必须保证社会成员全都接受这一训条，遵守并信任这一原则。于是，在各个社会文化中形成了这种习惯：你对我好，我就会想要报答你。这种习惯是如此根深蒂固，已经深入人们的"快思考"中，对绝大部分人而言，是下意识的、自动化的。

在组织能量环境创设中，我将其称为"回声"。回声这个词，出自美国麦克·罗奇格西的《业力管理：善用业力法则 创造富足人生》，书中说道：我们得到的，本质上都是我们给出的；我们希望别人给自己怎样的帮助、支持，那就先给别人这样的帮助、支持；一个人有多成功，取决于他帮助多少人取得了成功。

相较而言，互惠更显功利化，是为了实现某种目标而采取的一种手段；而回声则更倾向于组织价值观，是一种个体在组织中的文化行为模式，并不针对直接的目标，而是以提供帮助的方式改善能量循环，间接地收获对方的某些回应。

管理学中的激励理论，如马斯洛的需求层次理论和赫兹伯格的双因素理论，强调了员工的社交需求和自我实现需求。组织行为学中的社会交换理论

则指出，员工倾向于与那些给予他们支持和资源的人建立更紧密的关系。

　　回声通过创建一种积极的组织文化，鼓励员工之间的正面互动和支持性行为。这种文化可以增强员工的归属感和参与感，从而提高工作满意度和忠诚度。根据"回声效应"，员工通过帮助他人实现目标，不仅建立了团队内的互助网络，有助于形成一种积极的社会交换循环，而且通过这种互助行为，增强了团队的整体效能和凝聚力。

　　而且，当组织形成回声氛围时，回声的能量就会外溢到组织外部，推动组织的发展。

　　　　L经理是东北某通信运营商的集客经理，负责对接医院端的网络建设。

　　　　正值当地最大的三甲医院计划搬迁到新的院楼，通信网络需要重新铺设。这可是个大项目，L总在两周前已经收到了消息，可怎样都找不到突破口，负责该项目的院领导忙于治疗病患，只想简单地找原有大楼的网络运营商承建，毕竟有合作基础在，省心省事。L经理数次拜访介绍方案，都吃了闭门羹。

　　　　果不其然，网络建设一期项目被竞争对手拿到，L经理颗粒无收。

　　　　不过，多次上门倒也不是没有好处。L经理发现，院领导正因为纸质病例电子化而焦头烂额，因为不仅网络要升级，整体的数字化系统也要升级，纸质病例要转化为电子病历。这项工作涉及大量的纸质病例，每一份都要扫描、上传，还要人工核查修订。

　　　　院领导白天忙诊疗，晚上还要在办公室待到大半夜，眼看着人越来越憔悴。L经理实在看不下去了，只要晚上没应酬，就跑到科室里，和几位年轻医生一起整理、扫描。

　　　　就这样过了两周，纸质病例还有几大柜，L经理也有点熬不住了。此时，和L经理搭班配合的网络方向的H经理听说了此事，二话不说就喊上网络部同事和大量配合的装维同事。他跟L经理说："你帮客户，我们就来帮你。"突然间兵强马壮，召集了接近20号人到医院帮忙，也着实把院领导吓了一跳。

人多力量大，他们按照流水线分工，一些简单的整理、扫描、打包、上传等工作，由 L 经理部门的人员来完成，而数据库输入、分类、校对等工作，则由医生来把关。很快地，他们在一周内完成了该项工作。大家也在同一个"战壕"内，结下了深刻的友谊。

相信大家也都猜到了结局，该医院后续的所有网络建设项目，都交给了 L 经理所在的公司。领导说："我们本来没有合作，他们还愿意付出这么长时间来帮助我，我对他们的人品很放心，相信他们一定能做好网络！"

L 经理也向 H 经理表示了感谢，没有他们团队的助力，也根本不可能在这么短时间内支持客户完成工作。L 经理也作为桥梁，深入项目方案设计中，帮助 H 经理从院端、患者端、建设端等不同视角，与客户深入沟通，说服客户采用了公司的推荐方案，最终既帮助客户节约了 18% 的建设成本，也令 H 经理的日常维护更为简便、运维人员投入成本降低 30%。

我想，这就是由回声带来的最佳多赢案例！

5.5.4　有责无界，打破职责藩篱

回声文化背后还有一个更深层次的信念支持——有责无界。

"有责"即岗位所赋予的职责，是我们必须优先落实的工作，也是分工所必需的要求。但前文也已经多次提及，在 VUCA 时代，岗位职责是无法完全对应复杂的市场变化的，要求组织内灵活变化、相互补位，在有责的基础上，跨越职责的边界，寻找更多的可能，是现代组织应有的状态。

"无界"的回声，并不是指插手对方的工作职责，而是从自身的岗位职责出发，通过自身岗位的行动，帮助对方实现目标。例如，帮助网格长提高销售业绩时，营销室的同事并不是直接上手开展销售，而是可以通过多到网格实地介绍营销策略、倾听一线需求，或者随同网格长上门拜访、提供销售建议等方式提供帮助。

或许有人会说，在大型组织中，这是一种理想状况，不相互甩锅就已经

不错了。但是在我们的实践中，有责无界的回声状态，往往会有"多赢"的结果，而且这种结果与工作绩效高度相关。所以，只要领导者带头落实，带领团队从中获益，就能够快速推进，在组织中形成良好的风气。

> K总是市公司分管网络的副总，有个有责无界的典型案例。
>
> 有一次他看到了某个民宿老板的宽带质量投诉，于是亲自下一线了解情况，以自己的行动支持一线网络建设人员的工作。
>
> 这是一条新开发的商业街，网络建设还没跟上，宽带时断时续，确实会给民宿经营带来困扰。他在整条街溜达了一天，观察商业街的发展趋势，了解街上各位店主的想法，也听了一天的吐槽。
>
> 从KPI的角度来说，这里暂时还不是网络部的建设重点区域，按照排期要6个月后才有可能改善。但他从另一个角度思考，改善用户体验是公司的核心竞争力之一，对于市场团队的业务开展有着至关重要的作用，他必须做点什么。
>
> 于是，他亲自调动资源、调动人员，优先加强该商业街的网络质量。其实对于他来说，这个做法有点冒险，因为他主动协调的资源，对自己的KPI并没有加分，而做不好的话，还会背上"浪费资源"的名声。
>
> 皇天不负苦心人。经过K总的部署，顺利解决了该民宿的宽带问题，民宿老板十分高兴，没想到能够引发该公司如此重视，解决速度这么快。对于在商业街每一家新开的商店，民宿老板都主动和店主分享、推荐该公司的服务，帮助业务团队做好日常服务。最终，该公司在本商业街的占有率超过95%。
>
> 作为对K总的回声，该商业街的市场团队主动参与网络服务，他们在日常的上门拜访过程中，主动检查客户的网络调试情况，提早发现问题。而在客户发生简单的网络故障时，他们也在第一时间上门处理，而不是一个电话就要求网络部派人维修。在一年时间内，这条街上没有发生过一次网络方面的投诉，所有问题都在初期得以消化解决。

思想上不受岗位职责束缚，以组织的共同目标、受助者的个人目标为重点；

行为上则仍以自身岗位工作为出发点，多考虑如何通过本职工作创造更大的价值，才是有责无界的落地关键。

否则，有可能会出现另一个极端：某部门的自身工作没做好，就打着有责无界的旗号，要求其他部门协助工作，将锅甩给兄弟部门。这样一来，有责无界变成甩锅的冠冕堂皇的理由，就偏离了初心。

5.5.5　恰到好处的帮助

回声助力时，还有一个需要重视的点，就是提供"恰到好处的帮助"。这个词出自埃德加·沙因的著作《恰到好处的帮助》，他认为，每个成员都通过承担相应的责任来帮助他人，团队合作的本质是发展并维护所有成员之间互惠互利的帮助关系。

这种帮助关系，从本质上说还是一种人与人之间的沟通。我们为他人提供帮助，不仅是提供资源或者专业性的服务协助，更是一个社交过程。但是很多人忽略了助人行为中的沟通方式和社交属性，导致他们虽然拥有一颗助人之心，在帮助他人的过程中尽心尽力，但依旧徒劳无功，让自己的帮助变成了所谓的"无效"帮助，甚至演变成一场破坏关系的灾难。

在组织中，因为帮助问题出现的各种情况，也是数不胜数。因此领导者在创设"互助的环境"时，要特别注意互助的边界问题，避免好心办坏事。

① 假装寻求帮助。有时候我们会发现，求助者其实对于自己的问题，早已经有了一套自己的看法和解决方案，并且坚信自己是正确的。而他之所以向我们寻求帮助，只是为了让自己的主意获得肯定和认同而已。此时如果我们仍旧一门心思提供建议，尝试说服他，只会弄巧成拙。

② 怨恨和抵触。当求助者发现别人的建议或者援助，没能达到预期效果的情况时，由于失望，许多求助者就会对助人者产生一种怨恨和抵触的态度，拼命贬低对方的价值和成就。再或者，助人者发现求助者并不按照自己的建议行事，而是一边假装求助一边自行其是，还把事情办得更糟时，也会出现

怨恨和抵触。当双方陷入这种情绪时，不可避免地就会出现争执，那么本来是互利共赢的助人行为，往往会以关系破裂，问题恶化而告终。

③ 关注对方的需求，而不是按照自己的观点强加。助人者要记得，虽然是求助者发出的求助需求，但对于该项任务而言，求助者仍旧是第一责任人。助人者只是"提供帮助的资源"，是为了帮助求助者实现他的目标，满足他的需求。有些助人者会很快将自己代入角色中，下意识地将这项任务变成自己的事，然后就根据自己的主观判断，按照自己的意愿行事，突然间求助和助人的角色关系，变成了负责人（助人者）和执行人（求助者）的关系。这种关系变化必然会引发冲突，需要引起警惕。

④ 时刻关注平等的关系。在"帮助他人"这个场景里，求助者有求于人，手头也不具备解决问题的资源，或者方案，而是需要对方来提供，所以，两者之间的地位，先天就具备某种不平等性。求助者在意识到自己需要帮助的那一刻起，就会在认知中产生一种焦虑和羞耻感。这种感知在短期会形成一种防卫的心态，让双方互动总有些说不清的隔阂，而长期更会形成一种怨恨的心态，抱怨对方长期帮助自己，让自己一直处于"欠债"的状态，滋生出不良情绪。

这一点，领导者需要特别关注。在实际工作中，领导者需要懂得如何有效地帮助下属解决问题。一方面，领导者需要了解下属的需求和困难，为他们提供支持和帮助；另一方面，领导者也要避免过度控制下属，要尊重下属的自主权、关注下属的情感需求等。只有通过互相帮助和合作，才能实现团队的目标。

5.5.6 回声活动：能量看得见

由于助力和欣赏不同，助力是需要自己真实付出的，天生就带有一丝压力，因此更需要组织上提供一些促动，才能转动起助力飞轮。因此，希尔咨询设计了一套"回声活动"，如图5-6所示，用于创设组织的互助环境。简单来说，包括助力表达、回声呈现和闭环跟进3个过程。

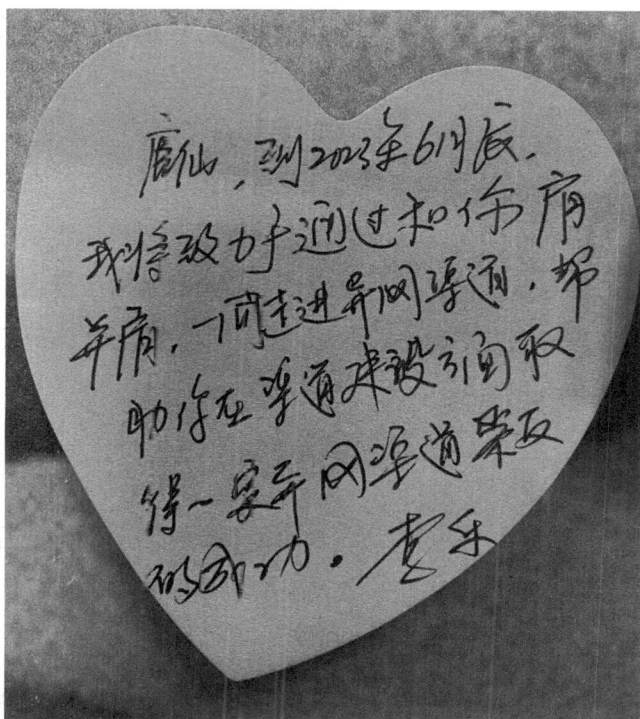

图5-6 学员回声活动应用实例

（1）助力表达

首先就是助力的主体过程，在回声活动中，助人者需要走到受助者面前，以严肃、认真的仪式对其表达承诺。这个过程有标准的仪轨，具体如下。

- 助人者明确告诉受助者，自己所要助力的目标。
- 助人者明确告诉受助者，自己将要采取的行动和投入的资源。
- 助人者向受助者展示回声卡，卡片上记载了刚才所述的目标、行动、资源。
- 双方在回声卡上签名。
- 受助者表示感谢。
- 受助者有回声呈现——将卡片悬挂上回声树/墙。

回声助力时，我们需要清楚表达关键要素：在表述助力行动时，不能泛泛而谈，而需要明确到具体可执行的行动。

例如，在移动运营商中，客体部的目标是"客户满意度从 78% 提高到 90%"，与客体部工作息息相关的装维部就可以成为助力者，在完成自己装维目标的同时，协助客体部完成该任务，我们可以说"到今年年底，装维部将通过装维过程中更专业热情的服务态度，更高频的网络质量维护，全流程陪同客体部拜访客户解决客户网络质量问题等行动，助力客体部完成客户满意度从 78% 提高到 90% 的目标"。

（2）回声呈现

公开透明的呈现，如回声树/墙，具有很强的能量，助力的互动就在阳光下接受大家的监督。这种做法能够最大限度地消除各种谣传，不管是对于助人者还是受助者，都可以大大方方地开展。

当受助者愿意公开求助、助人者愿意公开助人时，这种行为就会对周边的环境注入互助的能量。原来求助不丢人、助人更有益，原来求助和助人是可以这么互动的……

随着一个又一个求助事项得到解决，受助者和助人者在这个过程中相互获益，就会吸引更多的同伴参与进来，转动能量旋涡。

在实践中，我会要求在办公室的显眼位置，摆放郁郁葱葱的回声树（如图 5-7 和图 5-8 所示），或者精心设计的回声墙。所有助力的承诺卡片都被悬挂在上，任何人路过时都可以看到助力内容，也都能知道某项助力活动准备如何开展。这种方式把助人者与受助者完全置身于公众监督的视线之下，让助人者形成强烈的承诺达成意愿，也给予受助者完成目标的隐形压力。

（3）闭环跟进

工作流本身是不断前进的，人们也容易形成惯性，此时就需要加入第 3 个要素——看板。

图5-7 某公司回声树实例一

图5-8 某公司回声树实例二

看板本身就是个用于呈现结果的简单的管理工具。对于能量管理而言是相当重要的。由于能量本身虚无缥缈，我们需要抓住各种机会，以各种载体将其呈现出来。所有的表达，都应该尽量记录留存于纸面、系统上，并将其呈现在所有人面前，告诉团队成员什么是公司所提倡的行为、团队应该为哪种行为而感到骄傲。

上文所述的回声树，本质上也是一种看板，上面贴满了相互之间的助力行为，并定期检视。这个回声"看板"放在公司最显眼的位置，每个路过它的人，都会告诉自己有一份责任，也能感受到有人正在关心、支持着自己。

教练（可以是内部或外部教练，也可以是组织中身份相对中立的人）定期将组织的助人者与受助人集合到一起开展复盘研讨会，跟进助力的效果。会议主要探讨以下两个问题。

- 助人者是否真实履行承诺，给予受助者帮助。
- 助人者的助力效果如何。

需要注意的是，关于受助者目标实现与否，关键取决于受助者自己。助人者是出于助人的善意给予适当帮助，不能让善意成为枷锁，要求助人者必须帮助受助者达成目标。会议后，组织领导者可以立榜样树典型，将助力效果较好、助力关系和谐的个人及团队进行公示，提倡全公司学习。

从组织层面来看，"回声活动"可以促进团队之间、个人之间的了解与协作，打破部门壁垒，增强彼此的连接，达到左右同步。从个人层面来看，个人目标与部门及组织目标相关联，个人明确脚下的路，又有伙伴的支持与帮助，就能更笃定、更从容、更有能量，有助于实现个人及组织的活力与高绩效，打造互助型和成长型组织。

5.5.7　好心不一定有好结果，警惕责任转移

求助者对于助人者有着强烈的依赖心态，或者甩锅心态，不仅要求对方给出建议或者方案，甚至还要对方大包大揽，彻底解决自己的问题。这样就容易形成一种责任转移的心态，仿佛只要自己求助了，这件事情的责任就转

移到了助人者身上。

在某个公司的传播公关部门，因为每人都有其所对接的媒体渠道，所以平时与同事之间的交集并不太多。新上任的部门经理，总觉得大家各自为战，团队没有形成合力，于是就发起了"互助行动"，希望提高大家的合力，激荡集体的智慧，这个想法自然是极好的。

有一天，小J在办公室唉声叹气，因为他同时接到了3篇公关文稿的任务，无论如何都完成不了，眼看就要出生产事故了。小K心想，都火烧眉毛了，同事间应该有互助行动。他告诉小J，对应的选题自己有一篇存稿，虽然不是很完美，但略有相关，可以送给小J应急使用。

这可真是雪中送炭，小J千恩万谢，稍微做了改动就交稿了。

但总归是临时找来的作品，选题方向等并不太符合读者喜好，该文发布后的传播数据不尽如人意。小J在做月度分析时，竟然说就是因为这篇文章的质量偏低，其当月传播任务没有完成。并且，领导认为谁提供的稿子谁应该负责，小K既然要帮助小J，那就应该以小J的读者为核心，给一篇更有针对性的文章。最后，小J的绩效自然没完成，小K也承担了连带责任。

从此，团队的人都知道了，帮人风险很高，还是做好本职工作吧。

长此以往，再也没人敢轻易助人，莫名其妙地往身上揽活，互助的氛围也就消失不见了。

5.6　能量环境运营策略

再好的工具都需要使用成本。尤其是文化工具，表面上的流程是为了触及更深层次的思维，调动看不见摸不着的能量，但如果只是按部就班地完成流程，而不理解其设计用意的话，也很难达到预期的效果。因此，必要的运营是很重要的，能够帮助团队在日常使用中，更加深刻地理解工具的用意，真正用好这些工具，以此为抓手，推动着隐形的能量场不断扩大。

5.6.1 提供样例，明确要求

不管是欣赏、成长，还是帮助，每个人的理解都不一样，表达方式也不一样。我们没有办法评价对错（基于正能量环境创设的要求，我们也不希望以"固定型"的方式来评价）。

但是，根据实践经验来看，总有一些表达方式，能够更加深入人心，更有利于快速激发出能量。从使用效率来看，环境的运营者有必要告诉大家，什么方式是最为提倡的。

例如，对于加水系统的运营，我们专门设计了"文化大使"活动，包括以下内容。

- 每周对加水内容进行评估，选出其中最棒的 3 条加水。
- 将这 3 条最棒的加水内容，在公司群内点名展示出来。
- 使用公司的官方号，对优秀加水内容进行加水。
- 从这 3 条加水的加水人中，选出一名"加水大使"，由他负责精选下周的优秀加水和加水大使。

通过这样的方式，我们不仅用实际案例告诉全员，优秀的加水内容是怎样的，更重要的是，我们通过加水大使的轮换，实现了对优秀加水人的群体性激励，还能促进优秀加水人与其他同事之间的紧密关系。效果也是显著的，加水大使实施不到一个月，基本消除不合格的加水内容，加水活跃度提升30%，加水氛围得以成功运营。

需要注意的是，此时运营者用到的方式，是鼓励的策略，选择、鼓励好的内容，吸引大家向其看齐学习。

在策划加水大使活动时，也有人提出是否运用惩罚的方式，例如，加水内容空洞、虚假，就扣减他的加水水票，直到他学会怎么加出优质的水来。后来我们经过慎重讨论，决定放弃这个思路。因为，正能量环境的创设，不适宜通过负面激励的方式进行。

我不希望让团队在充满热情的加水时刻，突然脑袋里还有一根弦紧绷着：

千万别加错、公司说要怎么写来着？这种体验就如一桶冰水，立刻会将激情洋溢的感性状态，变成压力骤升、严肃认真的理性状态。能量在这一刻就会被打断，何谈接下来的流动呢？

5.6.2　事例/故事分析，深入一步

另一个运营策略是"故事分析会"。希尔咨询的故事分析会和劳模案例表彰不太一样，这是个触动人心的会议，每年都有人在会议上感动落泪，是公司文化的一次集中爆发。

很多公司为了在年会上表彰优秀案例，年底人仰马翻地准备材料，优秀人物事迹却未必能获得听众的认同。我们则更进一步，将优秀的选择权交给同伴，从日常的了解沉淀中精选出案例，年底只需要采访扩展即可。我相信，只有同伴们认为好的，才是真正对组织好的。作为董事长，我只能确定公司的文化，但谁是文化的最佳践行者，谁为公司注入了最多的能量，要由亲历者决定。

每年年底，文化大使们会聚集在一起，共同精选出当年年度的优秀加水/关键助力，评选的标准只有两条：表达的内容是否令人印象深刻、背后的故事是否符合公司文化。

选出来的加水或者助力，一定不是因为成果特别突出——成果方面已经通过绩效等方式得以体现，而是因为这些故事，就在身边、细节很丰富、很触动人。

选择的时候也很简单，从心出发即可。好的故事自然会说话，在这么多故事案例中，总有那么几个故事，让你一眼看过去就会起鸡皮疙瘩、心潮澎湃。那选它就没错了！

故事分析会上，邀请事件的双方共同上台，一起回顾当时事件的场景：当时发生了什么事情，出现了什么困难或挑战，采取了怎样的行动，这样的行动在哪个维度上触动了加水人，又与公司的文化有哪些关联等。

故事分析会以"微型话剧"的形式，以亲历者的讲述，将听众带入活生

生的故事场景中，让大家聆听时，也用心感受着他们面临的挑战与感动。这种情感上的流动，是难以通过文字或视频感受的，也是最容易引发集体共鸣的方法。

5.6.3　形成社交货币，提升传播度

第 3 个策略："加水手册"，也是一个令我们倍感惊奇的策略。

最初，我们会将每位员工的年度得水（当时还没有回声活动）全部汇总起来，制作成一本精美的小册子，就如同学生时代的同学毕业祝语册或者家庭年度相册，小册子记录了这一年来的美好记忆，记录了一年来为别人注入的积极能量，也记录了一年来得到了多少赞赏和感谢。

这本小册子会邮寄给员工的父母，作为组织向员工父母的年度汇报。有许多同事都告诉我，这是每年最好的礼物。相比每年寄给员工父母的年节用品，这本小册子才真正是被父母拿在手里反复看的好宝贝。

随着数字化时代的发展，我们也在与时俱进，升级了加水手册。我们将去年的加水和得水内容，制作成精美的电子手册发放给员工。令我没想到的是，在开放加水手册的瞬间，我的朋友圈就被加水册刷屏了，不需要任何强调，员工纷纷自发地发在了朋友圈，这是他们最宝贵的社交货币，一年的正能量多么值得"炫耀"啊！于是，公司文化、公司品牌、员工成长、社会链接，在这一刻实现了融合。我相信，希尔咨询的能量环境，一定走在了正确的轨道上。

第 6 章
知易行难，实践中的其他因素

6.1　先人后事

6.1.1　人的"事"≠"人"的事

相信许多读者都有这样的体会，听了很多课，学了很多的方法、工具，看起来都很好，在实践中却发现不是那么一回事。不是团队不配合，就是做完后效果不大，然后再导入新的工具。折腾一通，放于一旁，不值一提。

知易行难，从"知道"到"做到"存在巨大的鸿沟。在能量变革过程中，不仅需要对工具方法有深入的理解，还需要关注应用工具方法的对象——人。许多领导者过于关注"事"，强调方法、流程、标准，而忽略了新的变革对人的影响，导致变革过程中出现了各种变数，最终虎头蛇尾。

人的"事"不等于"人"的事。前文的各个章节，虽然讲的都是与人相关的能量管理，但仍旧是"事"的层面。任何领导者想要据此推动组织能量变革，结合组织中的"人"是必不可少的。

有些注重理论的领导者，喜欢勾勒出看起来很美的模型，表面上各个方面都思虑周全，却没考虑企业内部可能存在的会阻碍变革的情绪，以及对利益再分配的隐形抵制，就匆忙地进入执行环节，为组织变革确立愿景和战略。这样的变革在一开始就埋下了失败的种子，领导者会发现无论变革方案赢得多么多的掌声，得到多么多的表态，最终都会遭遇一个又一个看起来虽然不惹眼，但都是关键枢纽的"小问题"，导致变革无法如期推行，而后不了了之。

6.1.2　一念之间

能量源于人心。更细致地说，能量源于人心的念头。拥不拥护变革，是否能够为变革发挥出主观能动性，就在于一念之间。

美国著名心理学家阿尔伯特·埃利斯于 20 世纪 50 年代创立了情绪 ABC 理论。该理论认为引起人们情绪困扰的不是事件本身，而是人们对事件的认知和看法。A 指诱发性事件；B 指个体在遇到诱发事件之后产生的信念，即他对这一事件的看法、解释和评价；C 指特定情景下，个体的情绪及行为的结果。阿尔伯特·埃利斯认为，可以通过改变人们对事件的不合理认知，进而解决其情绪和行为问题。

能量也是类似的。人们以不同的念头看待同一件事情，会影响自身的能量状态（参考前文提及的霍金斯意识能量层级），并将此能量辐射到周边的人和事之中，泛起阵阵涟漪。

当一个人能量状态不高时，他充满了骄傲、愤怒、恐惧、内疚、羞耻等负面的情绪，就像浑身长满刺的刺猬一般保护着自己，哪怕是表扬都会引发他的防备。此时与他进行任何探讨都是无效的，更别说要采取跟过往无关的变革办法——这意味着过去的做法不够好，更会引起严重的反弹。

而当一个人能量状态高的时候，哪怕周围一片赞誉，他仍旧能够保持冷静，自行开始反思，有哪些地方可以做得更好。这一点在我们的优秀学员中无一例外都出现了。

当你想做时，你可以找到 100 个理由来支持自己；当你不想做时，你也可以找到 100 个理由来说服自己。

6.1.3 千金难买我愿意

能量若水，奔流不息，无法停止。管理能量就如同大禹治水，只可因势利导，堵不如疏。能靠发文限制负能量的传播吗？能通过奖惩管控人心里的想法吗？冰山下涌动着的暗潮，在模糊、创新、需要发挥能动性的时候，就会造成巨大的破坏。能量的变革就是这样模糊、说不清又看不见的，是无法具体管控的。

人的念头由自身而起，就潜藏在我们的心中，是无法通过外力强行要求的。在《活出生命的意义》中，维克多·弗兰克尔告诉人们："人所拥有的任何东西，都可以被剥夺，唯独人性最后的自由——在任何境遇中选择一己态度和生活方式的自由——不能被剥夺。"

作为组织中的领导者，既不能也无法以标准、规范、奖惩等方式，来强行要求人们按照某一种想法来行事，否则获得的是压抑、抑郁、阳奉阴违，久而久之会形成能量"堰塞湖"，在某个脆弱的时间点喷薄而出，形成更大的破坏，导致之前的变革努力毁于一旦。

领导者要正视这一点，放下采用行政权要求、奖惩权管控的想法，就可以让组织按照自己的想法来运行的期望。当然，这对于不少领导者来说是很困难的，很难说服自己接受这种"不可领导"的现实。

想要推动能量的变革，首要关注组织的"人心"。在变革前，要把团队的能量提高到基本的水平，以谦逊、开放、勇气的心态，面对组织中发生的变化。只有团队愿意了，至少是愿意接受新事物、愿意讨论新方法，而不是一味拒绝的时候，才能继续推进。

6.1.4 在危机中凝聚共识

前面我们探讨的种种，不管是班子的能量、文化的能量、目标的能量，还是环境的能量，都是变革能量场的解法之一。只有找到应用解法的 WHY，这些解法才能得到拥护，才能顺应人心。否则，极其复杂的人心念头，会导致多维度的能量冲突，并在冲突中把变革的能量消耗殆尽，直到失去动能停滞下来。

这个WHY必须是符合组织内多数人的利益的，只有这样才有可能从个人意愿上升到组织共识，做到统一思想。在调整好意愿、统一好思想之前，就匆忙开始行动，任何策略都可能是无法奏效的。

如何才能找到WHY，确保这个WHY符合多数人的利益呢？有个不错的方法，即《冰山在融化》中提及的"变革八步法"，其中第一个方法就是"建立危机感"。对于人性而言，可以获得更多的诱惑，远不及失去现有利益的恐惧。与其给团队"画饼"，还不如告诉团队残酷的现实。

需要变革说明组织可能遇到了某些障碍，这些障碍并非通过简单的努力就可以跨越的，必须通过较高层次的复杂变革才能得以解决。反过来，这些障碍如果没有得到妥善安排，将会严重影响组织的发展，影响组织中的每一个人。

缺乏勇气和成长型思维的领导班子，很难面对这些障碍。他们或者不敢直面本质（哪怕本质问题摆在了面前），仍旧会顾左右而言他，转向某些更容易的话题；或者不敢暴露这些问题，尤其是不敢将问题暴露在团队面前，对危机感的传递不够，无法影响更大范围的团队成员；再或者，被过去的辉煌所蒙蔽，低估了人们走出舒适区的难度，认为变革轻而易举……在此情况下的变革，自然无法得到组织上下的认同，更容易受到利益小团伙影响，导致变革失败。

实际上，危机感是凝聚组织共识的绝佳工具，合理有效地营造危机感，能够快速凝聚起组织的意愿，毕竟没有人想看着自己随着漏水的船一起沉没。

我认为，营造变革的紧迫感，必须由董事长、CEO、变革指导委员会等角色承担起来。他们应考察市场和竞争的真实状况，找出并讨论危机、潜在危机或重要机会。同时要引领企业全员研讨：我们企业有变革的紧迫感吗？企业是否遇到一些危险或机会？企业对待这些危险或机会的紧迫感程度如何？是什么行为让你得出这个结论？

任正非曾说过："10 年来我天天思考的都是失败，对成功视而不见，也没有什么荣誉感、自豪感，而是危机感。"比尔·盖茨也曾公开声称："微软离破产永远只有 18 个月。"他们从不讳言组织碰到的挑战。既然挑战已经不可避免，那还不如积极主动地寻找破局的可能，尽量将问题保持在相对可控的情况下，同时主动将问题暴露在团队面前，传递危机、赢得支持。

有些领导者曾问过我，他每天都在批评下属，每天都在通报不达标的团队，这样传递的还不够吗？其实，这些只是"见子打子"式的管理行为，应对的是具体的某些任务指标，唤醒的是个别人或者个别小组的紧迫感，难以同时与大多数人产生连接。

只有真正提高到全体成员的级别（例如，公司变革就需要全公司的危机，团队内部变革则需要全团队的危机），才会产生足够的紧迫感。这些危机，可能包括组织的业绩下降、商业模式受到挑战，也可能包括行业/团队发展的危机、职业生涯的危机，还可以是另类的"危机"，例如，某些更好的模式做法，一看就想模仿、超越等。

例如，一个学员的团队，因为项目安排，需要临时将该团队从厦门调到北京，常驻一年甚至更长的时间。所做的工作也不是该团队原先负责的商业化业务，而是与国家部委相关的战略型项目。一来团队许多人都已经在厦门安家，二来更改了项目类型，也并非该团队熟悉的发展方向。团队需要放弃得心应手的业务和眼前可见的奖金回报，背井离乡投向新的未知领域，从头再来。团队自然不乏微词，人心浮动。危机出现了！

该学员很好地把握了这次危机，该战略项目预示着公司将会做出重大调整，资源也会向该类项目做出倾斜，原有商业化业务资源必然缩减，可能会挤压团队的发展空间，甚至影响职业生涯发展。该学员将这层思考传达给团队，恰当地激起团队的紧迫感，同时他也问团队，是要"温水煮青蛙"，还是趁年轻拼一把呢？

最终，团队成员从抱怨、不满中跳了出来，转而思考如何调整现有的工作模式，以做好北京厦门的两地轮换；如何在这种战略项目中，拓宽自己的视野、拓展认知天花板；如何将战略项目的成果，与现有的商业化项目做结合等。

在这次危机中，整个团队的工作思路、工作流程、工作模式都发生了颠覆式的变化，最终项目结果令人欣慰：不仅该项目如期交付，产品成果影响了全国近 28 个省市区，为原有的商业化业务极大地拓展了边界，团队中还培养出了一位集团高管、两位部门经理。

6.2 以核心干部为抓手，撬动改变

6.2.1 变革成功的"牛鼻子"

优秀的业绩来自优秀的团队，而优秀的团队来自优秀的干部领导力，所以核心干部群体的培养，是真正撬动整个公司能不能变得更好、变革能不能成功的"牛鼻子"，非常有战略意义。

核心领导干部是组织群体最重要的影响节点。法国社会心理学家古斯塔夫·勒庞在《乌合之众：大众心理研究》中提及，群体中暗示的传染性会瞬间形成这个群体感情的一致倾向，因此群体便容易在毫无目的的状态下听从所有外界的暗示，缺乏自己的主见与判断、没有批判精神。

同时，保罗·F.拉扎斯菲尔德在著作《人民的选择：选民如何在总统选战中做决定》中提出了一个重要的理论——两级传播理论，他发现大众传播往往并不是针对某一个个体，而是传递向一个群体，而群体中的个别关键成员接收到这个信息后，会成为一个"看门人"角色，判断这个信息是否能够在群体内传播。如具传播的信息与群体的信念相似，这个传播效果就会受到关键成员的加强，他们会"吸收"传播信息并在群体内广泛宣传。反之传播的信息就会被这个群体拒之门外。

能量变革就是如此，组织能量在组织内传递时，能量是逐级共振加强还是在传播中消散，与能量枢纽——干部群体，有紧密的关系。

6.2.2　业绩好≠适合变革

做好能量变革过程中的传递，要找准合适的枢纽人员。作为在组织中更接近信息源头、能够对信息充分解读、拥有行政职权、得到团队尊重追随的核心领导者，必须有效地找到与团队群体的能量相匹配的方式，从而在传播过程中推动能量相互加强，进而推动变革。

并不是所有干部都适合担当此任，也不是业务能力强、业绩表现突出，就理所当然可以成为变革核心。推动变革和推进业务是两个截然不同的组织场景，推动变革所需要的能力项中，对"人"的要求远高于对"事"的要求。组织在选择能量变革的各级领导团队时，不仅需要考察管理能力，更要考察其领导能力。因为除了基础的管理能力，对组织文化的理解、对价值观的坚持、对关系的敏感性、对人性的细节理解等领导技能，是能量管理的重要能力。能量源于人心，只有感受到对方，才有办法在能量快速变化的时候，捕捉到恰当的节奏点，做出影响。

> Y总是个高智商、高理性的领导，他能够快速洞悉工作任务的本质，一针见血地指出问题的关键之处。但他或许不是一个很好的能量变革推动者，从一件小事可见一斑。
>
> 那是刚过完春节后的团建活动，团队带着过年的兴奋，喜气洋洋地相互拜年。Y总主持会议，开场也同样热情洋溢，请大家都聊聊过年时候的喜庆事儿。大家也都七嘴八舌地聊起来，比如走亲访友、春节晚会等趣事。
>
> 没想到，才过了不到5分钟，Y总就受不了了，他十分生硬地打断了交谈，说："新年开始，我们也要收心，现在来谈谈今年的工作规划吧。"
>
> 热闹非凡的会议室，瞬间鸦雀无声。
>
> 作为Y总的朋友、嘉宾，我在一边十分尴尬。我真切地感到初春的料峭寒意吹进了会议室，高涨的能量消失在寒风中，剩下一个个空洞、倦怠、烦躁的眼神，等待着领导训话。

更有一种可能，如果这部分干部更偏重短期利益，那么他们的业绩表现越突出，就越可能作为既得利益者，消极抵抗组织变革。他们往往会认为，变革手段是一种麻烦，新的流程、制度、导向并不匹配现在熟悉的模式，在短期内需要分散本应该创造业绩的精力；甚至，新的变革尝试可能都是成本，尤其是当变革暂时未见成效时，更容易遭到非议。

如果某些干部无法胜任能量传递的"放大器""牛鼻子"，那么作为领导者就需要慎重考虑，是将其纳入变革的核心团队中，还是仅将其作为原有业务的守城者，充分发挥其业务能力突出的优势，专注在业务上，为变革提供足够的"粮草弹药"即可。

6.2.3　培养新任的中层领导者

在选择适合推行变革的领导者中，有一个群体值得重视——新提任的中层领导者。这里中层领导者指的是负责一个地市级别的分子公司/组织的业务，拥有本组织的文化、战略、绩效等管理自主权，而不仅仅是一线执行单元的指挥官。

首先，他们已经运到一定的职级，影响范围广，既能影响业务单元，也能影响职能单元，是一个完整的组织闭环。只有涉及文化、绩效、结构、流程等顶层设计的影响力，才有可能深入能量的层级，而不是仅影响"冰山上"的行动策略。

其次，他们作为刚提任的领导者，确实缺乏足够的岗位经验和能力，属于"一张白纸"。从执行单元提拔到组织领导，经历着从"事"到"人"，从"线"到"面"的大跨越，是一个巨大的台阶。之前的实践经验帮助不大，此时的他们正在经历领导体系认知的重构，若能够将能量管理、变革的认知，植入其视野中，则在变革的过程中，会将显著减少统一思想的精力耗散，更容易锻炼出一批思维同频的变革队伍。

同时，这部分群体往往具有较强的成就欲，以及背后支持他们走到今天的优秀学习力。他们会通过快速学习来掌握新的技能，并将其积极应用于新的挑战场景中，努力争取更高的绩效。他们也不太抗拒应有的改变，对于新的变革具有更开放的心态，愿意从变革中找到新的突破口，创造带有自己思想的业绩和队伍。

从另一个角度来说，假如没有在这个关键的时间窗口做好培养，当他们在一个位置上待久了，形成一套自己的"野蛮生长"而来的工作方法后，就更习惯保持现状，不愿意学习和改变了。但往往因为成长过程由自己实践体悟而来，知识体系不够完整，他们可能会陷入认知茧房中，近则思虑不周、远则限制生涯发展。

从能量变革储备的角度，要帮助新提任的领导者迎接三大挑战。

（1）角色转型的挑战

这是进入新的领导角色时的第一大威胁。对角色的认知，决定了与周边团队的关系，影响自己的能力发展方向，最终在行为上得到体现。

角色转型包括但不限于：如何与团队、上司开展工作？如何安排优先级？如何了解当前问题？如何明确上司期望？希望多快有改变？怎么建立同级的伙伴关系？

这种角色转型背后隐藏的是对于关系能量的重构，如何顺延好原有的良好关系，同时梳理出具有建设性的新的协同关系，十分重要。新提任领导者需要在短短的一两年内，提升对关系能量的认知水平，避免因为关系不当而陷入表面上的各种行为冲突中。而如果他们能够有意识地从关系能量的视角来体验这段经历，对未来着手调整全组织的关系能量会有极大的帮助。

以下是我们教练辅导过程中，最常听到的 3 条利益相关者建议。

- 穿透全经营流程，从全局上协同发展各部门。
- 向上管理，争取上级领导的关注和资源。
- 适应协调不顺的"挫败感"。

（2）职位视角的挑战

他们被迫从以自我线条为中心的视角，扩展到更多相关职能的视角。

70%的领导者被招募、培养及提拔，主要是因为突出的专业才能和业绩——这些都是领导者个人或其直属团队所创造的。而当领导者进入新的领导角色之后，会发现被迫需要综合考虑其他团队的视角。他们需要把视角从"我"转变成"我们"，或者从"我的团队"转变成"公司各部门"。

是否能够快速把视角转变到"我们"，站在更高的层面，解码战略、分享信息、提出正确的问题、积极倾听他人的观点、发挥他人的优势、分享功劳，是职位视角转身成功的关键表现。

很多组织也根据素质模型，定义新任领导者的这些能力需求，并为此提供大量的培训。但根据希尔咨询的教练经验，一两次"领导力"课程，难以真正帮助新任领导者转变视角，必须通过长期的跟踪、提醒、启发，才能让领导者真正具备这项能力。

以下是我们教练辅导过程中，最常听到的 3 条利益相关者建议。

- 加强对战略的理解，从战略高度进行整体规划、思考，提升宏观洞察能力。
- 统筹管理，全面考虑，体系化布局，不仅仅着眼于单点。
- 深入理解跨专业（部门）协同。

（3）工作方法的挑战

这个挑战应该许多人都有提及，非常常见，仿佛存在从认知到行动的巨大鸿沟。我所辅导的学员中，不乏已经提任两三年之久的"老"领导，他仍旧会收到利益相关者的反馈，利益相关者指出他过于沉醉在"事"中，忽略对"人"的关注，团队效益自然也一般般。

作为中高级别的领导者，应该花更多的精力在深入思考组织发展与任务的关系上，思考任务内在的逻辑结构，安排最合适的人员，并在过程中提供指导、督导与激励。但如前文所述，太多的新任领导者更喜欢待在自己的舒适区内，待在熟悉、擅长、有成就感的具体工作任务中。这个挑战的难度不在于技术，而在于自身意愿是否调整到位，有时候是需要借助教练等外力，才能助推其变化。

从做事转变为用人，中高级别领导者的关注点也会有些变化。基层领导者或许更关注事情的对错，而中高级领导者往往需要调整自身的认知，放下对错的偏执，而更关注效果。复杂的任务会有众多影响因素，从某个方面看可能是对的，从另一个方面看可能又是错的。但这些都不重要，我在课上经常说到，"有效果比有道理更重要"，作为中高级领导者，更需要紧盯目标，结果导向。

在用人之时，也需要从关注团队具体怎么做事、看不过去想要上手直接帮忙，转变到关注团队的责任与状态。团队是否具有高度的责任感、是否处于正能量状态中，远比具体事情如何处理更为重要。而许多新提任的领导者会忽略这一点，因为快速处理任务能够带来即时的反馈，而关注团队带来的影响则具有不确定性，更需要新提任的领导者对此作用心中有数、心中有底，否则无论再怎么强调提示，具体行动上同样容易舍本逐末，而关注更令人心安的具体事项。

以下是我们教练辅导过程中，最常听到的 3 条利益相关者建议。

- 注意向下管理的层级，不要轻易越级。
- 放手让下属思考和贡献，换位思考，多倾听，不急于说服。
- 有意识地为团队提供精神激励，向下传递压力时讲求技巧。

6.3 长期主义，久久为功

6.3.1 21 天法则

21 天法则耳熟能详，认为通过 21 天的正确重复练习，我们就可以将练习的行为变成自己的习惯。这个说法最早出自《心理控制术：改变自我意象，改变你的人生》，作者麦克斯威尔·马尔茨是 20 世纪 60 年代的一名美国整形医生和临床心理学家。马尔茨在工作中观察发现，经历了整形手术的人通常需要 21 天来适应他们的新鼻子或者新嘴唇；而截肢病人出现的"幻肢"体验往往也需要 21 天才能消退。

21 天也就是三周，如果换成工作日的话接近一个月。对于普通人来说，确实是个比较长的时间周期了。当我们习惯获得快速反馈时，能够在坚持这么长的时间后实现习惯的改变，已经很不容易了。

因此，无论是组织管理实践，还是众多培训课程，大家都会对 21 天有个预期，希望能够看到明显的效果。如果没有一些明显的变化，人不自觉地就会开始怀疑、动摇，热情也会随之消退。

但其实，21 天法则并不完全准确。这个法则对应的是基础的、基于快思考的一些神经反应，或者与之相关的一些简单的行为改变，如睡前刷牙、饭前洗手等，而对于需要深度思考，或者并非每天重复出现的事项，如以文化为引领、思考工作逻辑、主动拜访客户、换上欣赏的眼光等，难以在 21 天内就看到本质上的变化，甚至在缺少督导要求的时候，很快就恢复原样。

在实践中，领导者既要正视 21 天效果不大的现实，也要尊重大众群体对 21 天的潜在期待，充分利用这种人性的习惯，将能量变革的路径拆分得更细，将一些关乎具体行为、比较容易取得成果的动作，例如，将每天拜访打卡、每日回顾改变之轮、每天赞美一个人、每天助力一个人等，以 21 天为里程碑做好设计，以利于快速取得"小胜"，持续保持团队的变革热情。

6.3.2　长期主义需要定力

既然不是 21 天，那应该要坚持多久，才能将组织的能量变革推上正轨呢？

先来看一个实验，伦敦大学学院的健康心理学家费莉帕·勒理及其同事招募了 96 名参与者，让他们每天重复一项与健康相关的活动，持续 84 天，看有多少人可以形成习惯。参与者可以选择晚餐前做 50 个仰卧起坐、早餐后散步 10 分钟或者饭前做 15 分钟的运动。因为每天重复的内容是参与者自己选择的，所以研究者认为这些行为对他们而言是有内在激励作用的，除此之外，没有任何其他的外在激励。

　　研究发现，参与者平均需要 66 天的时间来形成这些习惯，从个体来说则需要 2 ～ 8 个月才能够完成。

　　这一结论，也与我们在我国的教练辅导实践较为吻合。我们综合分析了近 10 年来，希尔咨询所主导的所有与能量变革相关的辅导项目后发现，在 6 ～ 8 个月后会看到较为明显的效果，在 12 ～ 18 个月趋于稳定，团队士气得到明显改善，业绩有显著提升。

　　能量转换速度极快，在一念之间改变对事物的看法，就能改变能量的状态。在教练辅导过程中，不乏这种"醍醐灌顶"的时刻，相信每一位教练都很享受这个瞬间的成就感，当然给教练对象的帮助也是巨大的。

　　这只是暂时、充满个性化的。一时间的能量转化相对容易，但让团队持续保持在高能状态，不能靠这种短时间的跳跃。就像自然界中的能量一样，瞬间的能量激发不难，而如果要改变原子的运动轨迹，实现原子的能级跃迁，就需要极高的能量，且时间长短不一。

　　在组织能量变革中，如果没有类似重组、并购、改制、注资等巨大能量异动时，组织变革的能量就需要慢慢积攒势能，到关键时候再爆破引发。这种能量积攒的工作，就只能交给时间来完成。组织变革启动后，以一种持续、小步、高频的方式，积攒能量直至到达临界点。这个时间，一般是 2 个月（团队级别）到 8 个月（组织级别），很少会超过 18 个月。

　　因此，能量变革的领导者，需要坚持长期主义、久久为功。陈春花说过："机会主义者只能得到暂时性的胜利，实用主义者会获得阶段性的胜利，长期主义者才能赢得持续性的胜利。"

　　但现实中有另一个常见的角度，当一两个月过去，仍旧未见明显效果，这对长期主义的领导者是个巨大的挑战。此时上级的质疑、团队的消极，对未来的迷茫，变革的成本和其他短期收益的诱惑，都可能引发焦虑、抑郁、彷徨，导致中途反悔甚至放弃。这就是长期主义者常常必须面对的现实。

　　当年小灵通发展得如火如荼。华为管理层迅速提交了小灵通计划，希望在市场中分一杯羹。但在经过深思熟虑后，任正非判断这只是个短暂的机会，华为不能变成一个机会主义者。他亲自否决了小灵通计划，把大量的投资放在了当时并未开始商用的 3G 业务。但由于这个决策，在竞争对手如日中天的 2002 年，华为不出意外地遇到了成立以来的首次亏损，很多人在这个时间离开了华为。

任正非曾几次谈到小灵通业务，他表示自己为此承受了巨大的痛苦："当时华为公司处于很大的生存压力中，在那种情况下，我们还是聚焦做 2.5G 和 3G 标准产品。这个过程经历了 5 年，内部有很多人都在写报告要做小灵通，他们是想多赚一点钱，觉得小灵通很简单，完全可以做的。我每看到一次报告，就是一次内心的纠结折磨，痛苦得无以复加，可能抑郁症也是那个时候变得严重的。"

但事实证明，正是华为在 3G 等主流技术上巨大且持续的投入，创造了今天的华为，而当时占领了小灵通市场近半壁江山的 UT 斯达康，如今主流市场上再也看不到他的身影。

在介入帮助推动组织变革之前，我都会和组织的领导者有一次深谈，我需要判断客户的意愿度。我会请他严肃地问自己几个问题：组织是否到了不得不改变的时候？组织内是否有强有力的变革支持团队？在面对不确定时，自己能够扛多久？自己愿意坚持多久？改变的意愿有多大？是下定决心必须变化，还是随波逐流做点形式上的创新？

《反惰性：如何成为具有超强行动力的人》一书中，作者加布里埃尔·厄廷根指出，只有乐观的美好意愿，并不能转化为实际成果，甚至会影响行动的发生。只有结合了美好意愿和乐观幻想，并愿意正视过程中可能遇到的各种障碍、做好对应的预案计划，才更有可能减少行为阻力，收获理想结果。

加布里埃尔的建议与我有着异曲同工之处。面对有坚定意愿的领导者，我会建议他作为推动能量变革的领导者，需要有清醒的认知，不能有不切实际的期待。同时，领导者的心中需要有一张变革路径的蓝图，并对此非常笃定。如果暂时想不明白，建议先放一放，或者寻找外力（如我们这样的外部教练）帮助推演设计，否则在未来推行中遇上扑面而来的各种问题时，很难有勇气坚持下去。

毕竟，这不是一项强调执行力的工作，而是一项更强调战略定力的工作。

6.3.3 精益求精，胜于贪多务得

长期主义不仅在于对变革的笃定，对时间周期的长期预设，还包括对具体做法的长期坚持。

这一点也是许多领导者在变革时容易踏入的误区。

他们会从各个渠道收集他人的优秀经验，可能从同行交流中、从培训课堂上获得，也可能从某本书中、某个优秀企业家的演讲中得到，并兴致勃勃地将经验引入本组织学习借鉴。当发现没有实现预期效果时，他们又会引入其他新的做法、工具，要求组织再次调整。

从积极的方面考虑，这些领导者都是愿意学习、追求变化，且敢于推动创新的行动派。而从另一方面来看，这样的做法无异于乱撒胡椒面、乱枪打鸟，不仅难以深入触碰变革核心，更容易把组织调动得晕头转向、找不着重点。

我们常说"差生文具多"，就是因为不了解组织的深度矛盾、对能量变革的认知不够深刻、对自己的能力没有信心、找不到关键杠杆解，才会选择以量取胜，用了各种方法，总有一种行得通吧？

曾经的我，也喜欢在培训课堂上，给学员提供各种角度的工具模型，以让自己的课堂生动丰满，让学员觉得物有所值。但后来经过 10 余年的实践，我发现并非如此，经典的优秀工具，在精不在多。

只要能够把脉辨清组织的症结点，找出对应的三五项做法，坚持做好做透，就足以实现组织的变革目标。

我为西南某省的地市公司提供过教练辅导服务。在服务期间，该地市的业绩从全省倒数第一到全省第一，只花了一年时间。而后的两年，我仍旧每半年为其提供教练辅导。许多人都问我，第一年你把该讲的知识点都讲完了，之后两年你每次都过去讲什么？我都笑着说，把原来的工具再讲一遍。

这话不带一点玩笑。因为这几个工具，就是我在项目前期的调研中精选

出来的。我对此抱有十足的信心，只要用好这些工具，就能够帮助该地市公司解决核心障碍。这些工具在前文都有提及，但毕竟不同的组织环境需要选择不同的工具，为避免读者对号入座，在此隐去其名称，只谈谈如何在较长的时间周期内用好这些工具。

第一年，学会。这些经典的工具，都是全球顶尖的专家学者通过长期研究总结、提炼出来的。好工具的特点往往在于简单，让人"一看就会"，但经常"一用就废"。我不仅要确保学员听懂、理解，还需要帮助学员建立起工具、方法与自己实践工作的关联，找到在工作中运用工具的切入点，将工具用起来。这大概需要用一整年的时间，3 ~ 4 次辅导。

第二年，用好。在第一年会用的基础上，第二年就开始深入剖析工具背后的深意。这些工具背后所隐含的管理哲学、实践经验十分丰富，要令学员做到"知其然还能知其所以然"，需要花费大量的时间和精力。我们会结合学员的实际工作，还有学员实际运用工具的结果，对照着来解析工具运用的关键窍门、容易犯错的特点。

第三年，内化。教练只是组织变革旅程中的一段助力，帮助组织自己学会、内化好教练所授予的知识技能，最终摆脱教练的辅导，才是我们的终极目标。在学员学会、用好这些工具方法后，我会帮助组织将其内化，讨论如何刻入组织的基因中，如何培养出内部教练/内训师，帮助其他后来者也能快速上手，融入新的能量循环。

辅导项目持续时间较长，跟教练的第三方身份也有关系，毕竟教练不可能长期驻扎在组织内部。如果是领导者自行推动组织变革，工具运用的落地时间或许可以有效缩短，当然这跟领导者自己对工具的理解深度有密切关系。

6.4　善用外力，事半功倍

如果一个人想学一种乐器，找个老师要比自学容易得多。如果一个运动员想提高他们的技术，他们能做的最好的选择，就是加入一个有好教练的队伍。

同样的，最擅长经营的领导者也会有其盲点所在，哪怕你很容易学到无数关于如何建立和发展企业的知识，但归根结底，每个企业都是独一无二的，通用的建议很难代替个性化的教练。

谷歌前首席执行官埃里克·施密特曾表示，聘请企业教练是他做出的最正确的决定。在接受《财富》杂志采访时，施密特说道："人人都需要一位教练"。

曼彻斯特公司的一项研究显示，雇佣商务教练的企业的平均投资回报率是他们为教练服务支付的金额的 5.7 倍。

根据 Olivero 等发布的报告 *Executive Coaching as a Transfer of Training Tool: Effects on Productivity in a Public Agency*，同时接受教练和培训的高管能够将生产率提高 88%，而单独接受培训的高管的生产率仅提高了 22.4%。

国际教练联合会（ICF）调查发现，全球超过 68% 的世界 500 强公司正在使用企业教练，传授教练技巧和使用教练管理方法的企业已经显示出增长趋势。

Metrix Global LLC 进行的一项研究显示，为教练付费的企业每花 1 美元就能获得 7.90 美元的回报。

- 53% 的企业家和高管表示，企业教练提高了他们的生产率。
- 61% 的企业家表示，企业教练提高了他们的工作满意度。
- 23% 的高管表示，企业教练帮助他们降低了运营成本。
- 22% 的公司表示，企业教练提高了他们的盈利能力。
- 67% 的企业家和高管表示，企业教练提高了他们在企业内部的团队合作技能。

拥有一个企业教练就像你的团队中有一个经验丰富的合作伙伴，他们为企业家提供的价值是无法计算的。在能量变革的挑战中，寻找恰当的企业教练，将会令变革事半功倍。

6.4.1 快速补齐变革经验

推动组织能量变革，并不常见。大多数推动能量变革的领导者，并没有充分的变革经验。或许他们有一些管理实践，但往往不成体系，也容易产生疏漏。尤其是关于能量的变革，效果会在执行变革动作的数个月后才慢慢浮现，如果采取了错误的变革行动，那组织所要付出的时间、精力、财力、机会成本是极为巨大的。

因此，在变革初期就能够快速建立变革的知识体系，了解常见的变革方式、规避不必要的变革误区，对于组织的价值不言而喻。

组织变革教练在不断服务各行各业各种情况的客户中，也积累了丰富的经验和案例。教练清楚地知晓一个优秀的组织、优秀的领导班子、优秀的领导者应该是什么样的，组织发展遭遇危机时可能是哪些方面存在问题……教练可以成为领导者强有力的外部支持系统、一个行走的智囊库，帮助个人或组织缩短发现问题、解决问题的时间，扩大视野与格局，获取对症有效的反馈和建议，尽可能规避一些错误的行为，多一些更有效的方式方法。

同时，组织教练所拥有的教练技巧，可以通过发人深省和富有想象力（创造性）的对话过程，帮助辅导对象站到更高的维度，以更广阔的视角看待当前的挑战，最大限度地激发客户自身寻求解决办法和对策的能力。

6.4.2 明镜高悬，照见真实的自己

唐贞观十七年（公元 643 年），一代良臣魏征病逝，魏征死后，唐太宗十分哀恸，他流着眼泪说："以铜为镜，可以正衣冠；以古为镜，可以知兴替；以人为镜，可以明得失。朕常保此三镜，以防己过，今魏徵殂逝，遂亡一镜矣！"魏征生前，曾多次直言上书，直陈其过，劝谏唐太宗要居安思危，广开言路"兼听则明，偏信则暗"，切莫骄奢忘本，劳民伤财，写下《谏太宗十思疏》《十渐不克终疏》等，被唐太宗奉为圭臬。

组织的领导者，同样需要"明镜高悬"，甚至说，由于领导者身处高位，更容易被奉承的话、粉饰的假象所包围，尤其是在需要推行能量变革的组织中，上下连通的能量往往也存在较大的障碍，十分需要有一位客观、中立的第三方，

成为领导者和团队之间，或者说领导者与利益相关者之间的桥梁。

镜子是一个载体，它不会告诉照镜子的人该怎么穿衣打扮，而会让照镜者自己发现自己着装的不当之处，以及当下的情绪状态，进而明白自己应该怎么做。教练通过对领导者本人的教练探寻，客观公正地观察、提问和反馈，助力领导者破除自我认知滤镜。

在组织能量还没调整到位时，组织氛围往往无法令人安心地畅所欲言。此时的教练会替利益相关者为领导者照镜子。教练通过对利益相关者进行调研访谈，在收集到关键信息后，以匿名、汇总的方式帮助领导者照镜子。这一方面保护了利益相关者，另一方面也能够发现更多的认知盲区，有助于领导者更好地厘清现状，规划接下来的变革举措。

6.4.3 长期陪伴的伙伴

一个人是孤独的。很多的半途而废，只因为缺少一声"这样是对的"。作为推动能量变革的领导者，面对组织上下的复杂利益，挑战的是组织多年沉淀而成的行为习惯，注定同行者寥寥，倍感孤独。很多的问题都十分复杂，需要有一位足以托付的伙伴一起聊聊。可能在沟通的时候，自己就厘清了思路，也可能经由伙伴的启发，找到了解决问题的灵感。

教练就是这位伙伴的绝佳人选。教练作为客观中立的第三方，本身与组织并无任何利益关联。教练最大的利益，就是帮助教练对象取得成功，帮助教练对象成功地推进组织变革。同时，教练丰富的经验阅历，也足以同领导者相互切磋，取长补短。

"教练者本身不一定是一位顶尖的选手，但他可以训练出冠军来"。在这个过程中，教练不一定是领导者所做工作和所在行业的专家，而是一位好的倾听者，能够提出好问题，让人有放心畅谈的欲望；是一位好的信息分析师，能够从领导者纷繁复杂的只言片语中，快速抓住关键信息，并结合其个人及团队组织生态情况进行梳理分析并找出症结；还是一位好的启迪者，点燃领导者内心的火焰，激发他们的潜能与创造力。

6.4.4　团队改变的催化剂

领导者：我跟他们说了两年了，就是不做！到底是什么意思！

下属：领导说得太虚了，他说得都对，但是我们不知道怎么做啊！

这种场景是不是也在你身边发生过？组织中的领导者，有可能高瞻远瞩，有可能认知卓越，但不一定表达清晰、循循善诱。所以我们经常会看到这种上下级之间，领导者明明说得都明白，下属明明每个字都听懂了，但最后无法落实的情况。

此时，或许就需要寻求外力的帮助，寻找更擅长教会他人的教练，助领导者一臂之力，要知道，教学技巧也是一门专业，我们不可能指望领导者在每个方面都十分擅长。

教练在与领导者沟通的过程中，可以深入领会对方的意图，这本身也是教练的基本技巧之一，同时能够用更为清晰、更为结构化、更容易理解的方式，帮助对方梳理出来。

我在许多地方都有这种经历。许多一级经理都非常优秀，但是他们的指导思想和团队执行之间总是有巨大的鸿沟。我会将他们的思想，融合到我的课程或者辅导之中，同时，结合辅导对象的实践工作情况，与他们一起探讨如何将上级领导的指示做到工作中。

"原来 M 总说的是这个意思啊！您这么一说，我就知道怎么做了！我两年没睡好觉，今天可算是醒悟了！"这是学员的原话，因为具体内容过于细致，在此不详细介绍。

除了做好解读，教练在领导者和团队之间，还有一个作用——沟通的桥梁。由于身份关系，在能量变革达到理想状态之前，下属和领导者之间总有些说不清道不明的关系障碍。

曾经，一把手叫某些分管领导来参加培训，以更好地提升能力带领团队，但分管领导的第一想法是："为什么要叫我去，是不是上头觉得我哪块做得不好？"然后开始内耗，一直在想到底是哪里做得不好，给领导留下了负面印象，由此陷入职业生存恐慌。也有一些话，团队成员不敢跟领导者直言不讳，尤其是一些比较尖锐的反馈。例如，上文提到的，领导者讲话说不清楚，下属不敢提问。

而教练是更为中立的第三方，也没有利益等级之分——甚至在传统观念看来，教练还是乙方的角色，团队成员在教练面前的心态是完全不一样的，更容易放下戒备心理。同时，在专业教练技术的促动下，也更容易分享真实的想法和感受，效果自然完全不一样。

最后，教练还有个领导者无法实现的价值：利他跟进。

对于某个改变的KDI，领导者的跟进，往往带有"检查""考核"的意味，尤其是在传统的大型组织里。这种跟进会给团队带来额外的压力，甚至会因为应对的是领导而粉饰造假，这就完全失去了改变的意义——从"自己想改变"变成了"被领导要求改变"，违反了改变的底层逻辑。

而教练的跟进，是基于利他的跟进，始终基于"他想改变"的前提，致力于帮助他更好地完成自己的目标。教练只会以对方的目标为目标，也只会通过启发的方式，帮助他找到更适合自己的方法，教练并不会强压、强迫对方发生改变。但有意思的是，和教练沟通后的学员们普遍反映，虽然没有被要求做什么，但自己不仅更有热情，也更愿意做出新的尝试，还主动想到了许多办法，主动做好了执行计划。压根就没想到，自己也会有这么积极的一天！

后　记

从《员工主动了，管理就轻松：使能管理让团队生机勃勃》至今日的第二本书《使能管理：如何成就高绩效活力组织》，经历了 10 年变化，也是从激发个体到激发组织的过程。过程中虽然充满了挑战，但也时刻会有惊喜，感谢我们的客户，他们是组织变革真正的先行者，只有他们开始认识到变革的重要、认识到组织能力的核心作用、希望通过干部培养来撬动整个组织的能量，才有希尔咨询与之共同探索的舞台。同时，也感谢我们的同事，作为一群使能行者，共同携手、相互激励、彼此信任，才能冲破迷雾，总结探索出今天的成果。

　　承蒙信赖，不敢懈怠！希尔咨询时刻助力客户改变，成就高绩效活力组织。

参考文献

[1] 大卫·R. 霍金斯. 意念力: 激发你的潜在力量 [M]. 李楠, 译. 北京: 中国城市出版社, 2012.

[2] 塔莎·欧里希. 真相与错觉: 我们为什么不够有自知之明, 又该如何认清自己 [M]. 胡晓姣, 陈志超, 译. 北京: 中信出版社, 2019.

[3] 史蒂芬·M. R. 柯维, 丽贝卡·R. 梅里尔. 信任的速度: 一个可以改变一切的力量 [M]. 王新鸿, 译. 北京: 中国青年出版社, 2008.

[4] FREI F X, MORRISS A. Begin with trust[J]. Harvard Business Review, 2020(5-6).

[5] 麦克·罗奇格西, 克丽丝蒂·麦克奈丽, 迈克尔·郭尔登. 业力管理: 善用业力法则 创造富足人生 [M]. 田多多, 夏理扬, 译. 北京: 华文出版社, 2018.

[6] 卡罗尔·德韦克. 终身成长: 重新定义成功的思维模式 [M]. 楚祎楠, 译. 全新修订版. 南昌: 江西人民出版社, 2017.

[7] 史蒂芬·柯维. 高效能人士的七个习惯 [M]. 高新勇, 王亦兵, 葛雪蕾, 译. 北京: 中国青年出版社, 2002.

[8] 朗达·拜恩. 秘密 [M]. 谢明宪, 译. 长沙: 湖南文艺出版社, 2018.

[9] 马歇尔·古德史密斯, 马克·莱特尔. 管理者如何让人长期追随 [M]. 刘祥亚, 译. 上海: 文汇出版社, 2023.

[10] 诺曼·沃尔夫. 激活组织能量: 打造有机组织, 创造非凡业绩 [M]. 青涅舍, 译. 北京: 人民邮电出版社, 2022.

[11] 埃德加·沙因, 彼得·沙因. 组织文化与领导力 [M]. 陈劲, 贾筱, 译. 5 版. 北京: 中国人民大学出版社, 2020.

[12] 埃德加·沙因，彼得·沙因.沙因文化变革领导力[M].徐烨华，译.天津：天津科学技术出版社，2021.

[13] 帕特里克·兰西奥尼.优势：组织健康胜于一切[M].高采平，译.北京：电子工业出版社，2013.

[14] 叶小松.员工主动了，管理就轻松：使能管理让团队生机勃勃[M].北京：北京大学出版社，2014.

[15] 西蒙·斯涅克，戴维·米德，彼得·多克尔.如何启动黄金圈思维[M].石雨晴，译.杭州：浙江人民出版社，2019.

[16] 克里斯·阿吉里斯.组织困境：领导力、文化、组织设计[M].姚燕瑾，译.北京：中国财富出版社，2013.

[17] 罗伯特·卡普兰，戴维·诺顿.战略中心型组织：平衡计分卡的致胜方略[M].上海博意门咨询有限公司，译.北京：中国人民大学出版社，2008.

[18] 威廉·安肯三世.别让猴子跳回背上[M].陈美岑，译.杭州：浙江人民出版社，2013.

[19] 保罗·赫塞.情境领导者[M].麦肯特企业顾问有限公司，译.北京：中国财政经济出版社，2003.

[20] 约翰·科特，霍尔格·拉斯格博.冰山在融化[M].雷霖，译.合肥：安徽人民出版社，2006.

[21] B.J.福格.福格行为模型[M].徐毅，译.天津：天津科学技术出版社，2021.

[22] 德内拉·梅多斯.系统之美：决策者的系统思考[M].邱昭良，译.杭州：浙江人民出版社，2012.

[23] 马歇尔·古德史密斯，马克·莱特尔.习惯力：我们因何失败，如何成功?[M].刘祥亚，译.广州：广东人民出版社，2016.

[24] 马歇尔·古德史密斯，马克·莱特尔.自律力：创建持久的行为习惯，成为你想成为的人[M].张尧然，译.广州：广东人民出版社，2016.

[25] 汤姆·拉思，唐纳德·克利夫顿.你的水桶有多满?[M].方晓光，译.北京：中国青年出版社，2013.

[26] 大卫·库珀里德, 黛安娜·惠特尼. 欣赏式探询 [M]. 邱昭良, 译. 北京: 中国人民大学出版社, 2007.

[27] 罗伯特·西奥迪尼. 影响力 [M]. 陈叙, 译. 北京: 中国人民大学出版社, 2006.

[28] 埃德加·沙因. 恰到好处的帮助 [M]. 李艳, 王欣, 译. 北京: 机械工业出版社, 2021.

[29] 维克多·弗兰克尔. 活出生命的意义 [M]. 吕娜, 译. 北京: 华夏出版社, 2010.

[30] 古斯塔夫·勒庞. 乌合之众: 大众心理研究 [M]. 冯克利, 译. 北京: 中央编译出版社, 2017.

[31] 保罗·F. 拉扎斯菲尔德, 伯纳德·贝雷尔森, 黑兹尔·高德特. 人民的选择: 选民如何在总统选战中做决定 [M]. 唐茜, 译. 北京: 中国人民大学出版社, 2012.

[32] 麦克斯威尔·马尔茨. 心理控制术: 改变自我意象, 改变你的人生 [M]. 洪友, 译. 北京: 群言出版社, 2007.

[33] 加布里埃尔·厄廷根. 反惰性: 如何成为具有超强行动力的人 [M]. 吴果锦, 译. 南京: 江苏凤凰文艺出版社, 2020.